Lenz
Low Carb –
Minutenkochbuch

Claudia Lenz war schon als Jugendliche interessiert an alternativen Ernährungsformen, sei es Makrobiotik, Vegetarismus oder Vollwertkost in ihrer in den Anfangsjahren noch sehr rustikalen Form. Alles musste ausprobiert werden. Diese ganz persönlichen Erfahrungen mit Lebensmitteln und deren Wirkung auf den Körper konnte die Autorin mit dem Studium der Ernährungswissenschaft durch wertvolles Fachwissen ergänzen. Die Tatsache, dass wenige Kohlenhydrate auf dem Teller guttun können, hat Claudia Lenz am eigenen Leib erfahren – lange bevor das Thema Low Carb in aller Munde war: »Täglich litt ich unter den unangenehmen Symptomen eines zu niedrigen Blutzuckerspiegels zwischen den Mahlzeiten, etwa Schwindel und Kältegefühl. Seit ich Low Carb esse, gibt es diese Einbrüche nicht mehr, und ich bin viel leistungsfähiger.« Claudia Lenz lebt mit ihrer Familie in Essen, arbeitet als Lektorin und Autorin von Büchern zu Ernährungs- und Gesundheitsthemen. In ihrer Freizeit findet man sie oft in der Sport- oder Kletterhalle und draußen, auf Entdeckertour durch die Industrielandschaften des Ruhrgebiets.

Claudia Lenz

Low Carb – Minutenkochbuch

100 Rezepte von 5 bis 60 Minuten

TRIAS

Liebe Leserinnen und Leser!

Wenn Sie dieses Buch in Händen halten, sind Sie bestimmt schon mehr oder weniger erfahren in der Low-Carb-Ernährung. Sie haben vielleicht schon einmal eine Zeit lang nach dem Low-Carb-Prinzip gegessen. Oder Sie haben sich das mit den wenigen Kohlenhydraten in Ihrem Essen bereits zur guten Gewohnheit gemacht. Bis dann einmal die Zeit knapp war und die Pommesbude lockte, der Asiaimbiss mit seinen schnellen Nudelgerichten, die Dönerbude oder der Bäcker von nebenan, der auch Käsebrezeln verkauft und viele bunt belegte Riesenbrötchen.

So ein »High-Carb-Erlebnis« ist ganz sicher kein Grund, ein schlechtes Gewissen zu bekommen oder gar gleich das Low-Carb-Leben an den Nagel zu hängen. Es ist eher ein Grund, sich Gedanken über eine eigene Low-Carb-Blitzküche zu machen: damit auch dann schnell etwas Kohlenhydratarmes auf dem Teller landet, wenn eigentlich mal wieder so gar keine Zeit übrig ist.

Mit diesem Buch möchte ich Ihnen ein Potpourri von Rezepten vorstellen, mit denen es möglich ist, ganz nach Ihrem individuellen Zeitplan kohlenhydratarm zu kochen und kalte Low-Carb-Mahlzeiten zuzubereiten. Wählen Sie aus der Rezeptsammlung ganz nach Ihrem persönlichen Zeitbudget aus. So werden auch die Tage, an denen es wirklich schnell gehen muss, garantiert Low Carb bleiben. Gerade unter der Woche muss es in der Küche ja häufig ruckzuck gehen, und es gibt tausend gute Gründe dafür: die Kinder und die Familie, der Job, andere Verpflichtungen, die Freunde, der Sport, der Einkauf, das Ehrenamt …

Unser Alltag ist bunt, und wie oft erscheinen uns die 24 Stunden, die er hat, viel zu kurz. Schließlich möchte man neben den Dingen, die einfach gemacht werden müssen, ja auch noch seine eigenen Interessen pflegen. Und sich selbst! Beispielsweise, indem man sich mit Low-Carb-Essen etwas Gutes tut. Die unkomplizierten und schnellen Rezepte können Ihnen dabei helfen.

Zusätzlich zu den wirklich blitzschnellen Gerichten, die in etwa 5 Minuten auf dem Tisch sind – z.B. Shakes (Seite 39), Müslis (Seite 40), Rohkost bzw. Low-Carb-Brot mit Dips (Seite 41) –, finden Sie in dieser Sammlung auch viele Rezepte, die nicht mehr als 15 Minuten dauern, wie gegrillte Champignons (Seite 53), Lachs-Frischkäse-Rolle (Seite 54), Paprika-Lauch-Rührei (Seite 50). Und wunderbar, wenn wir mit nur einer halben Stunde Küchenarbeit eine schöne warme Mahlzeit servieren können, etwa eine Mangoldpfanne mit Räuchertofu (Seite 77) oder Tomaten-Linsen-Salat (Seite 70) – schauen Sie doch mal rein, was unser 30-Minuten-Kapitel noch für Sie bereithält. Darüber hinaus haben wir aber auch eine Auswahl von Low-Carb-Gerichten, die ein bisschen mehr Zeit in der Zubereitung erfordern. Diese Gerichte müssen beispielsweise eine Zeit lang schmoren oder im Ofen backen, sie müssen eine Weile ruhen oder ziehen. Am Wochenende haben Sie bestimmt auch einmal die Muße, ein Low-Carb-Gericht wie eine vegetarische Wirsingroulade (Seite 105) oder Schweinelendchen mit Paprika-Linsen (Seite 97) zuzubereiten.

Entspanntes Low-Carb-Kochen ganz nach Ihrem momentanen Zeitbudget wünscht Ihnen
Claudia Lenz

Ein herzliches Dankeschön geht auch bei diesem Buch wiederum an meine Testköchin **Gudrun Mach**, die sich ein weiteres Mal tief ins kohlenhydratarme Kochen eingearbeitet hat, für ihre so bunte Auswahl schmackhafter und alltagstauglicher Low-Carb-Rezepte zum Leichterwerden.

Ihr Low-Carb-Alltag

Low Carb ist eine Ernährung, die man sein Leben lang beibehalten kann. In diesem Buch stelle ich eine kohlenhydratreduzierte Kost vor, die sich eignet, Übergewicht abzubauen oder auch sein Gewicht zu halten.

Basics rund um Kohlenhydrate

Vielleicht besitzen Sie ja mein erstes Buch »Low Carb. Das 8-Wochen-Programm« und haben noch gut in Erinnerung, was die Kohlenhydrate im Essen und deren Wege und Wirkungen im Körper angeht. Dann überblättern Sie diese Doppelseite.

Low Carb(ohydrates) ist Englisch und bedeutet: ein niedriger Kohlenhydratanteil in der Nahrung. Doch was ist das eigentlich, Nahrungsmittel und Speisen mit einem geringen Kohlenhydratanteil? Was sind Kohlenhydrate und wo sind sie? Und warum könnte es gut für Sie sein, Kohlenhydrate nur in Maßen zu essen?

Unsere Nahrung enthält drei Energielieferanten: Eiweiß, Fett, Kohlenhydrate. Aus ihnen kann der Körper die Energie gewinnen, die er für all seine Stoffwechselprozesse benötigt: für die grundlegenden, lebenserhaltenden Funktionen wie Wärmeproduktion, Wachstum und Neubildung von Zellen und Botenstoffen, für die Muskel- und Nervenarbeit.

Aufgrund dieser fundamentalen Bedeutung nennt man die Energielieferanten Eiweiß, Fett und Kohlenhydrate auch Hauptnährstoffe. Sie können allerdings nur dann im Körper optimal genutzt und umgesetzt werden, wenn gleichzeitig ausreichende Mengen an weiteren Stoffen zur Verfügung stehen: Dazu gehören Vitamine, Mineralstoffe, essenzielle Fettsäuren, bestimmte Pflanzenstoffe wie z.B. Ballaststoffe und natürlich ausreichend Wasser. All diese Stoffe sind in unseren natürlichen Lebensmitteln in ausreichender Menge enthalten. Und unsere Aufgabe ist es lediglich, unsere Nahrungsmittel so auszuwählen, dass unser Essen dazu beiträgt, dass wir möglichst lange gesund und leistungsfähig bleiben und ein normales Gewicht behalten. Klingt

einfach. Und das ist es im Rahmen einer Low-Carb-Ernährung auch.

Warum? Gehen wir nochmals zurück zum Hauptnährstoff Kohlenhydrate. Lesen Sie im Folgenden, was Kohlenhydrate eigentlich sind und was sie im Körper machen bzw. was der Körper mit ihnen macht. Damit wird gut verständlich, wie Low-Carb-Essen auf unseren Körper wirkt.

Wie Kohlenhydrate wirken

Kohlenhydrate werden in der Ernährungswissenschaft auch »Zucker« genannt. Je nachdem, aus wie vielen Einzelbausteinen sie bestehen, heißen sie Einfach-,

Zweifach- oder auch Vielfachzucker. Es gibt Kohlenhydrate, die als Einzelbaustein in der Nahrung vorliegen (Einfachzucker), andere sind aneinandergekoppelte Doppelbausteine (Zweifachzucker), wieder andere bestehen aus sehr vielen miteinander verbundenen Einfachzuckern. Wer noch mehr erfahren möchte über diese verschiedenen Kohlenhydratarten, findet dazu Informationen im Kasten (Seite 12).

Wichtig im Rahmen von Low Carb ist: Alle Arten von Kohlenhydraten, die in unserer Nahrung stecken, können vom Körper erst aufgenommen werden, wenn sie im Darm in ihre kleinsten Bestandteile zerlegt worden sind. Denn nur in Form von Einfachzuckern können Kohlenhydrate durch die Darmwand in die

Blutbahn gelangen. Und auf diese Weise erhöhen sie den Blutzuckerspiegel. Als ganz normale Folge des Verdauungsvorgangs. Doch was passiert nun weiter mit den Kohlenhydraten aus unserem Essen? Jetzt sind sie zunächst einmal im Blut.

Der Blutzuckerwert ist ein vom Körper sehr sensibel regulierter Wert, da es hier um die überlebensnotwendige kontinuierliche Versorgung der Zellen mit ausreichend Energie geht. Um den Blutzucker zu regulieren, genauer: zu senken, benötigt unser Körper Insulin. Dieses in der Bauchspeicheldrüse gebildete Hormon dient dazu, alle Körperzellen für den Einstrom von Energie aus dem Blut zu öffnen. Die nach dem Verzehr einer kohlenhydrathaltigen Mahlzeit im Blut anflutende Glukose bewirkt, dass die Bauchspeicheldrüse Insulin freisetzt. Das hat zwei wichtige Folgen.

Erstens: Der Zucker und andere aus der Nahrung stammende energieliefernde Bausteine können aus dem Blut in die Zellen gelangen. Die Zellkraftwerke bekommen Energienachschub, es kann Energie im Muskel gespeichert werden, und der Körper kann aufs Neue bzw. weiter Leistung bringen. Aber: Durch Insulin wird auch die Fettbildung angeregt und bei einem Überangebot an Energie im Fettgewebe

eingelagert. Zweitens: Der Blutzuckerspiegel sinkt durch den Abtransport des Zuckers in die Zellen wieder auf Nüchternwerte. Je länger wir nichts essen, umso weiter sinkt er allerdings ab, der Blutzuckerspiegel sinkt … und sinkt, und das wiederum bewirkt ein Hungergefühl, stärker und stärker werdend, es folgt die nächste Mahlzeit. Und der Weg der Nahrungsenergie bis in unsere Zellen hinein beginnt wieder von vorn … Das beschreibt den ganz normalen Kreislauf von Hunger und Sättigung.

Warum wir uns mit Kohlenhydraten mästen können

Die ausgeklügelte Blutzuckersteuerung unseres Körpers, die völlig ohne unser bewusstes Zutun funktioniert, kann jedoch aus dem Ruder geraten und zur Insulin-Achterbahn mit fatalen Folgen werden. Das ist beispielsweise dann der Fall, wenn wir über längere Zeit hinweg unangemessen viele und/ oder unangemessen häufig Kohlenhydrate verzehren. Das bringt die Bauchspeicheldrüse, die das Insulin produziert, in Dauerstress, und die Regulationssysteme ermüden.

Der Mechanismus der Insulinregulation wird übrigens auch dann empfindlich gestört oder gar dauerhaft geschädigt, wenn regelmäßig große Mengen an Einfach- und

Zweifachzuckern, also süße Nahrungsmittel, gegessen werden. Diese Zucker strömen sehr schnell aus dem Darm ins Blut ein. Einfachzucker passieren ohne irgendeine Art der Verarbeitung die Darmwand und gelangen ins Blut, und Zweifachzucker sind vor ihrer Passage ins Blut im Nu in ihre beiden Bausteine zerlegt.

Wiederkehrende Zuckermahlzeiten führen zu starken, hohen Blutzuckeranstiegen mit entsprechend starken Insulinausschüttungen bereits kurz nach dem Essen. Die Folge ist eine rasante Einschleusung der Nahrungsenergie in die Zellen, wodurch der Blutzuckerspiegel regelrecht abstürzt. Die Wahrscheinlichkeit einer Unterzuckerung mit allen bekannten unangenehmen Folgen – Schwindel, Benommenheit, Schweißausbrüchen und großer Mattigkeit – ist hoch. Dazu kommt, was langfristig am unangenehmsten ist: Der Unterzucker verursacht quälenden Heißhunger, wir müssen wieder essen und greifen dann am ehesten zu einem zuckerreichen Snack, weil der Körper instinktiv weiß, dass dieser blitzschnell Abhilfe schafft für Schwindel und Benommenheit. Und damit stürzen wir uns ungewollt in die nächste Blutzuckerachterbahnfahrt …

Das macht letztlich abhängig von ständigem Essen, wir fühlen uns nie

so richtig wohl in unserer Haut, und legen nach und nach immer mehr Kilos zu.

Insulindauerhoch züchtet Speckpolster

Aber auch ohne dass wir es mit Süßem übertreiben, können Kohlenhydrate uns auf Dauer ganz schön zusetzen – ganz einfach indem sie ansetzen: Tagtäglich (zu) hohe Kohlenhydratmengen bzw. zu häufige Kohlenhydratmahlzeiten bringen zum einen eine Menge Kalorien mit sich. Zum anderen halten sie auch den Insulinspiegel dauerhaft über dem Nüchternwert.

Wer bei jeder Mahlzeit allzu reichlich Kohlenhydrate isst, zwingt die Bauchspeicheldrüse ununterbrochen, Insulin auszuschütten. Weil der Körper dadurch verhindern möchte, dass der Blutzucker unzulässig hoch ansteigt. Die Zellen bleiben durch die ständige hohe Insulinanwesenheit dauerhaft auf Energieeinstrom eingestellt. Doch wohin mit der vielen Nahrungsenergie, wenn diese nicht akut durch körperliche Betätigung benötigt wird: Sie wird zunächst genutzt, um die Energiedepots von Muskeln und Leber zu füllen. Die sind bald gefüllt. Und die bleiben auch gefüllt, wenn wir uns nur wenig bewegen. Und der Rest der ganzen Nahrungsenergie? Der wird zu Fettpolstern.

Einfachzucker – Zweifachzucker – Vielfachzucker

Längst nicht alle dieser Zucker schmecken so süß, wie sie sich dem Namen nach anhören. Nur die zu den Einfach- und Zweifachzuckern zählenden Kohlenhydrate kann man sofort an ihrem Süßgeschmack erkennen: Fruktose und Glukose – auf Deutsch Fruchtzucker und Traubenzucker – sind die beiden häufigsten Einfachzucker. Sie kommen in Obst, Honig, allen Zuckerarten und Süßigkeiten vor – einzeln oder verbunden in Form des Zweifachzuckers Saccharose (Fruktose verbunden mit Glukose). Milchzucker, fachsprachlich Laktose, ist ein weiterer Zweifachzucker, er findet sich in der Milch aller Säugetiere und ist für deren mild-süßlichen Geschmack verantwortlich.

Die zu den Vielfachzuckern gehörenden Kohlenhydrate sind lange Ketten aus aneinandergereihten Einfachzuckern. Diese langen, zusammengesetzten Zucker schmecken nicht süß. Zu den in unseren Nahrungsmitteln wichtigen Vielfachzuckern gehören Stärke, Pektin und Zellulose.

- **Stärke**, die aus langen und verzweigten Reihen von Glukosebausteinen zusammengesetzt ist, findet sich vor allem in Samen, Wurzeln und Knollen. Zu den ausgesprochen stärkereichen natürlichen Nahrungsmitteln, die hierzulande verzehrt werden, gehören alle Getreide und getreideähnlichen Samen (Buchweizen, Quinoa, Amaranth) sowie Kartoffeln – und alle daraus hergestellten Produkte (Getreideflocken, Brot, Backwaren, Kartoffelpüree, Pommes, Klöße …)

- **Pektin** ist in Obst enthalten, insbesondere in Äpfeln, Birnen und Aprikosen, aber auch in Möhren. Pektin gehört zu den sogenannten Ballaststoffen, es ist für den Menschen nicht verdaulich, quillt im Magen-Darm-Trakt lediglich auf und wirkt daher verdauungsregulierend.
- **Zellulose** ist *der* Ballaststoff schlechthin. Zellulose ist Hauptbaustein pflanzlicher Zellwände und damit in allen pflanzlichen Lebensmitteln, insbesondere in Getreide, aber auch in vielen Gemüsen (je fester, desto mehr) enthalten. Wir können Zellulose nicht zur Energiegewinnung nutzen, denn sie ist für den Menschen unverdaulich. Auch sie unterstützt – wie Pektin – eine normale Darmtätigkeit und ist daher unverzichtbar für uns.

Low Carb: die richtigen Carbs, in Maßen

Fassen wir die Mechanismen in unserem Kohlenhydratstoffwechsel also noch einmal zusammen:

- Kohlenhydrate sind nicht pauschal ungesund. Jedoch können die Menge und die Art der Kohlenhydrate Auswirkungen haben auf unser Wohlbefinden, unsere Gesundheit und letztendlich auch auf unser Gewicht: Zuckersüßes wirkt ungünstig auf den Stoffwechsel, ebenso wie zu viele Kohlenhydrate ganz allgemein, gleich ob Zucker oder Stärke.
- Die Kohlenhydrate in unserem Essen stellen einen guten Ansatzpunkt dar für alle, die ihr Gewicht reduzieren oder auf gesunde Weise halten möchten. Denn Kohlenhydrate sind eng mit dem Insulin, einem Schlüsselhormon im Energiehaushalt unseres Körpers, verbunden. Wer Fettpolster zum Schmelzen bringen möchte, muss seinen Insulinspiegel niedrig halten, denn das Hormon Insulin hemmt den Abbau von Fett und – noch fataler – es stimuliert sogar den Aufbau von Körperfett.

In diesem Buch stelle ich Ihnen eine kohlenhydratreduzierte, gesunde Kost vor, die ebenso dazu geeignet ist, Übergewicht abzubauen, wie auf gesunde Art und Weise sein Gewicht zu halten. Low Carb ist eine Ernährungsform, die man ein Leben lang beibehalten kann. Weil sie alle lebensnotwendigen Nährstoffe in ausreichenden Mengen beinhaltet und weil sie schmeckt.

Wenn der Stoffwechsel schlappmacht

Am Ende der oft jahrelangen Fahrten mit der Blutzucker-Insulin-Achterbahn kann eine sogenannte Insulinresistenz stehen, Auslöser von Typ-2-Diabetes. Ständig hohe Blutzuckerspiegel bedingen einen ständig hohen Insulinspiegel im Blut. Das führt nach und nach zu einer Abstumpfung der Zellen für den Türöffner Insulin, der die Energie ja aus dem Blut in die Zellen schleusen soll. Der Blutzucker wird nicht in die Zellen hineintransportiert, verbleibt im Blut, und der Körper signalisiert der Bauchspeicheldrüse, Insulin zu produzieren. Ein dicker und dicker machender Teufelskreis beginnt, da Insulin immer auch die Fettspeicherung steigert.

Wichtig war mir hier zudem, dass modernes Essen nicht nur gesund und zum Abnehmen bzw. Gewichthalten geeignet sein soll, sondern vor allem auch schnell und unkompliziert zubereitet. Ich bin der Meinung, dass es wichtig ist, sein Essen selbst zuzubereiten – und sei es nur, ein Low-Carb-Brötchen schmackhaft selbst zu belegen. Denn Essen ist immer auch ein Sinneserlebnis, und zwar eines, das schon mit der Zubereitung beginnt, manchmal sogar schon mit dem Einkauf. Indem wir es selbst zubereiten, geben wir unserem Essen die Bedeutung, die es verdient. Denn immerhin muss unsere Nahrung ja ganz in unseren Körper hinein, in jede Zelle! Wie wenig achtsam würden wir mit unserem Körper, unserer Gesundheit umgehen, wenn wir uns systematisch von Fertiggerichten, Junk- und Fast-Food ernährten.

Einfache Abnehmregeln

- Wer sein Essen selbst zubereitet, auch die allerschnellsten Gerichte, richtet seine Aufmerksamkeit auf die richtige Nahrung.
- Essen Sie insgesamt weniger Kohlenhydrate.
- Setzen Sie gute Kohlenhydrate auf den Speisezettel. Das sind die Kohlenhydrate in natürlichen Nahrungsmitteln wie Obst, (Vollkorn-)Getreide, stärkehaltigem Gemüse (z. B. Kartoffeln, Möhren, Pastinaken, Sellerie). Denn sie liefern uns wichtige andere Nährstoffe wie Vitamine, Mineralstoffe, Ballaststoffe und für unsere Gesundheit bedeutsame Pflanzenstoffe gleich mit.
- Meiden Sie schlechte Kohlenhydrate nach Möglichkeit (dazu gehören isolierter Zucker und Süßigkeiten sowie größere Mengen an Weißmehl/Auszugsmehl sowie insbesondere die Kombination von Zucker und Weißmehl: süßes Gebäck).
- Essen Sie sich bei jeder Hauptmahlzeit satt. Sättigend in unserer Low-Carb-Küche wirken Ballaststoffe, gesunde Fette und Eiweiß.
- Essen Sie drei Hauptmahlzeiten und lassen Sie ausreichend lange Zeiten von etwa fünf Stunden zwischen den Mahlzeiten. In diesen Essenspausen kann sich der Körper um die Verarbeitung der zugeführten Nährstoffe kümmern. Und um die Fettverbrennung. Daher sind Zwischenmahlzeiten – wenn sie überhaupt benötigt werden – möglichst kohlenhydratfrei.

Mithilfe dieser einfachen Regeln können Sie sofort loslegen. Vielleicht blättern Sie ja jetzt schon nach hinten zu den Rezepten, weil Sie einfach Appetit auf Low Carb bekommen haben. Dann nichts wie ran! Es geht mit den blitzschnellen 5-Minuten-Low-Carb-Rezepten (Seite 37) los. In zwei weiteren auf diese Blitzrezepte folgenden Rezeptkapiteln finden Sie eine große Vielfalt von Rezepten für morgens, mittags, abends, für die Sie nicht länger als 15 bzw. 30 Minuten in der Küche stehen müssen. Kaum zu glauben, dass man seine Low-Carb-Ernährung so unkompliziert in einen ausgefüllten, oft knapp getakteten Alltag einbauen kann.

Die letzten beiden Kapitel stellen Gerichte vor, für die man ein bisschen Zeit einplanen sollte. Dafür haben Sie dann köstliche Low-Carb-Ofengerichte (Seite 105) oder -Desserts (Seite 108) oder auch gästefeine Salate und kohlenhydratarme Schmorgerichte auf dem Tisch. Lassen Sie sich zum Ausprobieren verführen!

Die beste Zeit für Kohlenhydrate

… ist morgens bis mittags. Unser Stoffwechsel ist jetzt aktiv, wir benötigen Energie für die Aktivitäten des Tages, damit können wir die verzehrten Kohlenhydrate unmittelbar wieder in Energie umzusetzen.

Die schlechteste Zeit für Kohlenhydrate ist abends. Doch Achtung: Sie sollen abends natürlich dennoch etwas essen. Das ist wichtig. Ihr Stoffwechsel soll etwas zu tun haben, auf hohen Touren laufen und Wärme produzieren, Kalorien verbrennen. Sie sollen abends nur keine Kohlenhydrate essen. Denn die würden, weil wir nachts nicht so viel Energie benötigen, schwuppdiwupp mithilfe von Insulin in die Fettdepots eingelagert werden. Und was einmal dort gespeichert ist, bringen Sie erfahrungsgemäß nur äußerst mühselig wieder los. Außerdem blockieren Kohlenhydrate mit ihrer insulinlockenden Wirkung die nächtliche Fettverbrennung. Das hat folgenden Hintergrund: Abends und nachts produziert unser Körper das Wachstumshormon HGH, durch das Reparatur- und Wachstumsprozesse in Gang gesetzt werden. Dafür werden Fette aus den körpereigenen Depots, z. B. aus dem Bauchfett, mobilisiert. Allerdings nur, wenn der Insulinspiegel so niedrig ist, dass diese Art der Energiefreisetzung nicht blockiert ist. Sie können die nächtliche Fettverbrennung zusätzlich steigern, wenn Sie tagsüber körperlich aktiv sind. Sportliche Betätigung bringt den gesamten Stoffwechsel auf Touren, steigert die Ausschüttung von Wachstumshormon und erhöht damit dessen nächtliche fettabbauende Wirkung.

Kohlenhydratarm, aber bewegungsreich

Gewicht verlieren und dabei guter Laune bleiben – ein Traum? Kein Traum! Das funktioniert wirklich. Weniger Kohlenhydrate, und das bedeutet ausgewählte, wertvolle Kohlenhydrate in Ihrer Ernährung in Kombination mit mehr Bewegung im Alltag, bringen Ihren Stoffwechsel rasch so gut in Schwung,

Ist Low Carb eine Diät-Erfindung des 21. Jahrhunderts?

O nein – einige Fachleute sagen, Low Carb ist die Ernährungsform, die der Mensch in der Steinzeit praktiziert hat, oder besser, die er praktizieren musste. Fleisch oder Fisch musste damals erjagt werden und ergänzend gab es, was man an Pflanzlichem sammeln konnte: eine Handvoll Beeren oder die eine oder andere süße Frucht sowie stärkereiche Pflanzenteile. Ich verweise hier außerdem noch auf die frühen 1970er-Jahre, als der amerikanische Kardiologe Dr. Robert Atkins eine – für damalige Ernährungsgewohnheiten – revolutionäre Low-Carb-Diät propagierte, bei der Protein und Fett als Hauptenergielieferanten dienen. Und auch wenn man aus heutiger Sicht und Erkenntnislage kritisieren kann, dass Atkins Nahrungsergänzungsmittel als unverzichtbar erachtete und dass er, was den Konsum von Fetten angeht, eher unkritisch war, kann seine Diät als die erste bedeutende Low-Carb-Ernährungsform der modernen Zeit ansehen.

Atkins:
Die erste Low-Carb-Diät
Die Atkins-Diät diente dem Abnehmen und war in Stufen aufgebaut, beginnend mit einer sehr strikten Kohlenhydrateinschränkung, einer kohlenhydratarmen Abnehmphase und einer eher moderat kohlenhydratreduzierten Erhaltungsphase. Es ist integraler Bestandteil dieser Ernährung, dass Nährstoffmängel ausgeglichen werden sollten mit Nahrungsergänzungsmitteln (also isoliert in Medikamentenform zugeführten Vitaminen, Spurenelementen und anderen Nahrungsergänzungsmitteln). Die letzte Stufe der Atkins-Diät sieht durchaus moderate Mengen an Kohlenhydraten vor und kann als dauerhafte Low-Carb-Ernährungsform durchgeführt werden.

dass das Abnehmen fast von selbst geht. Drehen Sie, wenn Sie Ihr Leben ändern wollen, am besten gleich an zwei Stellschrauben: am Essen und an der Bewegung. Das erhöht die Wirkung auf der Waage am schnellsten und deutlich messbar.

Bringt gute Laune
Bewegung verbraucht Energie. Bewegung wirkt ausgleichend auf den Blutzuckerspiegel. Damit noch nicht genug der positiven Effekte: Bewegung bringt darüber hinaus auch eine aktivere und positivere

Grundstimmung. Das liegt daran, dass, wenn wir uns bewegen, Nervenbotenstoffe freigesetzt werden, die für bessere Laune sorgen. Dazu allerdings sollte man idealerweise ein bisschen Ausdauer mitbringen: Die gute Laune wird ein klein wenig auf sich warten lassen, ist aber umso ausgeprägter, je länger die sportliche Betätigung dauert.

Eine positive Grundstimmung ist auf lange Sicht am ehesten gesichert, wenn Sie sich regelmäßig sportlich betätigen, also mindestens zweimal pro Woche. Gut geeignet als Gute-Laune-Abnehm-Sport sind Ausdauersportarten wie Radfahren, Schwimmen oder Walken bzw. Laufen, da sie auch von sportlich wenig erfahrenen Interessierten schnell erlernt werden können. Um jedoch gesundheitlich auf Nummer sicher zu gehen: Wer sich noch nie in einer Sportart engagiert hat in seinem Erwachsenenleben und nun gezielt sportlich aktiv werden möchte, der sollte sich in jedem Fall vom Hausarzt vorab durchchecken und beraten lassen.

Weniger Kohlenhydrate, mehr Bewegung = ciao, überflüssige Pfunde

Weil Sie mit unserer Low-Carb-Gerichten den Tag hindurch wirklich nur sehr geringe Mengen an Kohlenhydraten essen, nehmen Sie quasi automatisch nur so viele Kalorien zu sich, wie Sie benötigen, um satt und mit allen Nährstoffen gut versorgt zu sein. Jetzt kommt Sport ins Spiel: Bewegen Sie sich dann auch noch mehr als zuvor, zwingen Sie Ihren Körper bereits nach kurzer Zeit dazu, seine Fettdepots anzugreifen, um die Energie zu bekommen, die die Muskeln verlangen. Denn die muskelinternen Energiespeicher, auf die die Muskelzellen als Erstes zurückgreifen möchten, wenn sie aktiv sind, sind sehr begrenzt.

Lassen Sie das Auto öfter einmal stehen. Überlegen Sie, welche Alltagswege Sie zu Fuß machen können. Den täglichen Einkauf beispielsweise. Oder den Weg zum Friseur. Vielleicht können Sie Ihre Kinder auch zu Fuß zum Kindergarten oder zur Schule bringen. Und die Freundin, die Sie besuchen möchten, wohnt eigentlich auch nicht so weit weg, dass man dafür extra das Auto in Bewegung setzen müsste.

Fahren Sie mehr Fahrrad. Sie radeln sowieso immer mal wieder am Wochenende? Hervorragend. Doch bestimmt gibt es auch im gewohnten Wochenalltag Wege, die Sie gut mit dem Rad zurücklegen können, statt das Auto zu benutzen. Den Weg zur Arbeit etwa oder den zum VHS-Kurs. Mal eben mit dem Fahrrad zum Bäcker, zum Drogeriemarkt, einfach schnell noch Milch holen, eine Stippvisite bei der Verwandtschaft ein paar Straßenzüge weiter … Schauen Sie doch heute schon mal in Ihrer Garage nach, ob genügend Luft auf den Reifen ist und alles gut geschmiert, dann kann's morgen bereits losgehen.

Ignorieren Sie Aufzüge und Rolltreppen. Was strengt am meisten an beim Shoppen? Langsam gehen und stehen. Das kann einem den Einkaufsbummel ganz schön vermiesen. Geben Sie Ihrem Körper doch einfach etwas Bewegungs-Abwechslung, indem Sie von einer Etage zur anderen einfach die Treppen nehmen. Im Kaufhaus genauso wie im Parkhaus oder U-Bahnhof. Spielen Sie! Lassen Sie sich doch einmal wieder zum Spielen verleiten: von Ihren Kindern, Nichten und Neffen oder Patenkindern oder von Kindern Ihrer Freunde. Spielen Sie mit ihnen Ball oder Fangen oder Frisbee. Toben Sie einfach mal eine Weile mit. Gehen Sie mit ins Wasser und planschen und spritzen Sie mit und schwimmen Sie einander hinterher. Das bringt Spaß für alle und tut Ihrem Körper gut.

Bewegen Sie sich in Ihrer Freizeit! Ideal ist, wenn Sie es schaffen, in Ihrer Freizeit mindestens 3-mal in der Woche aktiv zu sein. Das bedeutet, Sie marschieren flott, walken, joggen, fahren Fahrrad, schwimmen, tanzen, bewegen sich auf dem Stepper … – bestimmt gibt es etwas, das zu Ihnen passt.

Muskeln kosten Energie. Wenn Sie Ihr Bewegungsprogramm 2 oder 3 Wochen durchhalten, werden Sie feststellen, dass sich Ihr Körper bereits sichtbar strafft. Weil die bei der Bewegung beanspruchten Muskeln wachsen. Das hat auch nach innen einen positiven Effekt: Muskelzellen verbrauchen auch in Ruhe mehr Energie als Fettzellen. Bingo! Ihr Grundumsatz steigt, Ihr Körper verbraucht jetzt auch in Ruhe mehr Energie als vorher. Auch das wird – wenn Sie sich weiter kohlenhydratbewusst ernähren, mit der Zeit Ihre Speckpolster schmelzen lassen.

Bewegung macht den Kopf frei. Alltagssorgen und oft genug auch größere Sorgen tragen mit dazu bei, dass wir uns ein Polster anessen, nach und nach. Dann sind wir Kilos schwerer, doch die Sorgen kein bisschen kleiner. Locken Sie sich selbst raus aus der Frustschleife, indem Sie sich mehr bewegen. Das kann düstere Gedanken vertreiben. Die Muskelarbeit hilft uns, Stress abzubauen – und macht gute Laune. Denn Bewegung setzt Glückshormone frei. Wer in Bewegung ist, hat wenig Lust, zu grübeln. Sie essen manchmal aus Langeweile? Abgewählt! Sie können ja stattdessen eine Runde um den Block gehen.

Oder in den Park. Oder mit der Freundin telefonieren und dabei durch die Wohnung tigern. Oder Sie drehen einfach mal für 5 Minuten die Musik laut auf und tanzen. Ganz für sich allein, ganz so, wie Sie möchten.

So überlisten Sie Ihren inneren Schweinehund

Sie schaffen es nur schwer, sich zu etwas mehr Bewegung im Alltag zu motivieren? Vielleicht geht es so leichter: Stellen Sie sich der neuen Aufgabe zu zweit. Suchen Sie im Freundes- und Bekanntenkreis oder auch unter Ihren Kolleginnen jemanden, der auch mehr Sport machen möchte. Planen Sie Ihre Bewegungsoffensive gemeinsam. So schaffen Sie eine größere Verbindlichkeit, die Sporteinheiten auch wirklich zu absolvieren. Und Sie haben gleichzeitig moralische Unterstützung für die Tage, an denen es Ihnen besonders schwerfällt, sich zum Laufen, Steppen, Radfahren, Walken oder Skaten aufzuraffen. Suchen Sie sich aber jemanden, mit dem Sie sich, was das Leistungsniveau angeht, ungefähr auf Augenhöhe befinden, sonst kommt schnell Frust auf, wenn die andere jedes Mal davonzieht beim Traben durch die Felder. Oder wenn nur immer Sie diejenige sind, die auf eine Verschnaufpause drängt. Vielleicht suchen Sie sich auch einen

Fitnesskurs, für den Sie bezahlen müssen. Das wird Ihnen Ihren Sport im wahrsten Sinne des Wortes wertvoller machen und Sie stärker motivieren, dann auch hinzugehen zur Sportstunde.

Stoffwechsel und Gewicht im Lot

Über Jahrzehnte wurde in Deutschland eine kohlenhydratbetonte Ernährung propagiert. Alle mit Ernährungsaufklärung befassten wichtigen Institutionen und Fachverbände vertraten die Meinung, eine Ernährung mit überwiegend Kohlenhydraten, mit mäßigen Mengen an Eiweiß und insbesondere mit nur wenig Fett, sei die gesündeste Art zu essen. Dennoch kam schon vor etwa 40 Jahren aus den USA die Atkins-Diät (Seite 15) nach Europa. Allerdings wurden erst vor etwa zehn Jahren verschiedene Richtungen einer kohlenhydratreduzierten und kohlenhydratbewussten Ernährung hierzulande in der breiten Öffentlichkeit als eine auf Dauer geeignete Ernährungsform bekannt. Bekannte Vertreter sind Glyx oder auch Logi.

Waren es zunächst eher vereinzelte Erfolgsmeldungen über eine Low-Carb-Ernährung, äußern sich inzwischen bereits namhafte Experten zustimmend zu einer lebenslangen kohlenhydratreduzierten Ernährung. Wichtige Stoffwechselwerte von Typ-2-Diabetikern (Seite 20) verbesserten sich bei einer derartigen Ernährung. Viele Menschen, die lange vergeblich gegen ihr hohes Übergewicht gekämpft haben, können, auf ihre Kohlenhydratmengen achtend, mit normalem Gewicht leben, ohne dabei hungern zu müssen. Zahlreiche Experten benennen inzwischen Vorteile und Pluspunkte einer Low-Carb-Ernährungsweise. Hier einige wichtige Fakten:

- Längst ist wissenschaftlich erwiesen: Hohe Blutzuckerspiegel und die damit einhergehenden hohen Blut-Insulinspiegel sind Faktoren, die die Zunahme an Körperfett begünstigen.
- Ernährung nach dem Low-Carb-Prinzip hält den Blutzuckerspiegel niedrig. Wenn Sie nur wenig Kohlenhydrate essen, schonen Sie Ihre Bauchspeicheldrüse, in der Insulin produziert wird, und schonen die Insulinrezeptoren an den Zellen, d.h. bewahren diese vor Abstumpfung.
- Wer kohlenhydratbewusst isst, wird weniger Heißhungerattacken erleben als bei einer High-Carb-Ernährung. Weil der Körper keine Blutzucker-Achterbahnfahrten mehr erleiden muss. Unterzucker ist eine unvermeidliche Folge einer starken, hohen Insulinausschüttung als Antwort

auf eine starke Zuckerdosis aus der Nahrung.
- Wer auf die Kohlenhydrate in seiner Ernährung achtet, schenkt seinem Essen ganz allgemein mehr Aufmerksamkeit und isst damit bewusster.
- Das Konzept »wenig Kohlenhydrate« kann dazu beitragen, Kalorien zu sparen, ohne dass Mahlzeiten ausgelassen werden müssen.

Low Carb lässt Platz für gesundes Fett

Wer bei den Kohlenhydraten sparsam ist, schafft Freiraum auf dem Speiseplan für ausreichende Mengen an gesunden Fetten. Wozu ist das gut?, mögen Sie fragen. Denn »Fett« klingt kaum nach »Abnehmen«. Doch längst ist bewiesen, dass nicht das Fett im Essen schuld ist am Fett auf den Hüften. Fettpolster wachsen durch jegliches dauerhafte Zuviel an Nahrungsenergie (Eiweiß, Fett, Kohlenhydrate) – aus welcher Quelle auch immer. Wer Kohlenhydrate reduziert, hat aber in der Tat noch ein wenig Platz in der Energiebilanz für solche Fette, die unserem Körper Gutes tun: Das sind diejenigen mit reichlich ungesättigten Fettsäuren. Denn diese haben vielfältige gesundheitserhaltende Funktionen im Körper: Sie werden z.B. benötigt, um körpereigene Botenstoffe und Nerven aufzubauen. Denn sie finden sich in

den Zellmembranen von Nervenzellen. Hier eine Auswahl der besten Fette und Fettlieferanten:

- Olivenöl, Rapsöl, Leinöl, Walnussöl
- Oliven
- Avocado
- Nüsse (Haselnüsse, Walnüsse, Cashewnüsse, Mandeln und Samen: Sesam, Mohn, Sonnenblumen- und Kürbiskerne)
- Erdnüsse
- Fisch: u.a. Lachs, Makrele, Hering

Dauer-Ernährungsform für alle Stoffwechseltypen

Low-Carb-Ernährung ist eine kohlenhydratbewusste und gleichzeitig auch ein wenig fettbetontere Ernährungsform im Vergleich zu der in unseren Breiten traditionell üblichen Ernährung. Unsere Low-Carb-Küche kommt im Prinzip einer mediterranen Art zu kochen nahe, bei der viel Gemüse mit reichlich gesundem Olivenöl mit nennenswerten Anteilen eiweißhaltiger Lebensmittel (Fleisch, Fisch, Meeresfrüchte, aber auch Hülsenfrüchte!) zubereitet wird. Diese Art zu essen kann man im Prinzip ein Leben lang behalten. Denn diese Low-Carb-Ernährung ist ausgewogen, vielfältig und praktikabel.

Die meisten Rezepte sind sehr kohlenhydratarm. Damit sind sie für jeden Stoffwechseltyp (Seite 22) geeignet. Denn Kohlenhydrattypen geben insbesondere zu einer Mittagsmahlzeit ganz nach Bedarf einfach noch eine kleine Portion »Beilage« dazu: eine Scheibe Vollkorn- oder Low-Carb-Brot, etwas gegarten Reis oder Hirse, eine kleine Portion Pasta (siehe dazu auch die Kohlenhydrat-Mengentabelle, Seite 27). Der Eiweißtyp tut sich etwas Gutes, wenn er sich an einer zweiten Portion mit hochwertigem Öl zubereitetem Schmorgemüse oder Frischkost satt isst.

Low Carb, aber nicht No Carb. Bitte versuchen Sie nicht, die Kohlenhydrate ganz von Ihrem Speiseplan zu verbannen. Das ist zum einen richtig schwierig, zum anderen auch ungesund. Kohlenhydratfreie Diäten werden nur unter ärztlicher Aufsicht durchgeführt, mit ständiger Kontrolle der Stoffwechselwerte.

Zu Low-Carb-Ernährung gehört eine maßvolle Portion komplexe Kohlenhydrate (Vielfachzucker = Stärke und Ballaststoffe). Komplex nennt man solche Kohlenhydrate deshalb, weil sie aus vielen, vielen Einzelbausteinen bestehen. Stärke muss daher im Verdauungstrakt erst mühselig in ihre Einzelbausteine zerlegt werden, bevor diese dann als Zucker ins Blut gelangen. Das steigert den Blutzucker nach und nach und nur mäßig. Ballaststoffe können überhaupt nicht zerlegt

werden, liefern also keine Kalorien und tragen auch nicht zur Blutzuckersteigerung bei. Sie sind wichtig für eine gute Verdauung und Entgiftung.

Gute und böse Fette?

Fett ist wichtig und notwendig. Und auch tierisches Fett wie Butter, das Fett in der vollfetten Milch oder das in der Rinderschulter braucht nicht vom Tisch verbannt zu werden. Obwohl wir doch alle schon fest verinnerlicht haben, dass Fett (insbesondere das tierische) unser gesundheitliches Verderben sein soll. Eine Studie aus den USA, veröffentlich im Jahr 2011, bringt die gängigen Aussagen zu Fett in den richtigen Kontext: Sie setzt Menge und Art des Fettverzehrs in Bezug zur Menge der verzehrten Kohlenhydrate.

Und siehe da: Im Rahmen einer kohlenhydratreduzierten Ernährung wirken sich gesättigte Fettsäuren, die sich in hohen Anteilen in Fett tierischen Ursprungs finden, weder ungünstig auf den Cholesterinwert noch auf die Blutfette insgesamt aus. Im Gegenteil: Bei niedrigem Kohlenhydratverzehr sanken die Blutfette sogar, trotz des Verzehrs von gesättigten Fetten (eine ausreichende Menge an ungesättigten Fettsäuren aus pflanzlichen Quellen vorausgesetzt). Ein negativer Effekt

gesättigter Fettsäuren auf Cholesterin und Gesamtfett im Blut ergibt sich erst im Zusammenhang mit hohem Kohlenhydratkonsum.

Inzwischen kommt die fettreduzierte, kohlenhydratzählende Diät für Diabetiker teils auch wissenschaftlich in die Kritik. 2012 stellten schwedische Wissenschaftler fest, dass es für Typ-2-Diabetiker weitaus stoffwechselgesünder ist, eine Low-Carb-Diät mit einem etwas höheren Fettanteil im Vergleich zu vorherigen Ernährungsform zu sich zu nehmen. Es verbesserten sich – trotz höheren Fettverzehrs – die Werte des guten Cholesterins (HDL-Cholesterin) sowie Langzeit-Blutzuckerwerte.

Von High Carb zu Low Carb

Wie viele oder besser wie wenig Kohlenhydrate soll ich eigentlich essen, wenn ich mich low carb ernähre? Das ist die immer wiederkehrende Frage bei dieser Ernährungsform. Sehen wir uns dazu zunächst an, was »Norm Carb« ist: Noch vor etwa acht Jahren hat man gemessen, dass Erwachsene hierzulande, so die Statistik, pro Tag mehr als 200 g Kohlenhydrate verzehren. Das entspricht dem, was heute noch namhafte Ernährungsinstitutionen empfehlen. Im Rahmen der hier

vorgestellten Low-Carb-Ernährung empfehle ich für all diejenigen, die abnehmen wollen, maximal 100 g Kohlenhydrate am Tag. Zwischen 100 g und 50 g (im Extremfall auch nur bei 30 g) wird Ihre ganz persönliche Kohlenhydrat-Tagesmenge liegen, und das hängt im Wesentlichen von zwei Dingen ab: zum einen von Ihrem Stoffwechseltyp, dazu hier im Anschluss mehr, und zum anderen davon, ob Sie ihr Gewicht halten wollen oder weiter abnehmen möchten.

Dauerhaft weniger als 30 bis 50 g Kohlenhydrate pro Tag zu verzehren, wird fachsprachlich als ketogene Ernährung definiert. Wer über einen längeren Zeitraum hinweg nur eine so geringe Menge an Nahrungskohlenhydraten zuführt, zwingt den Körper dazu, Gehirn, Nerven und rote Blutkörperchen dauerhaft mit Ketonkörpern als Energielieferanten statt mit Glukose zu versorgen. Diese Ketonkörper werden im Stoffwechsel aus Eiweißbestandteilen oder Fettsäuren hergestellt. Eine dauerhaft praktizierte ketogene Ernährung birgt gesundheitliche Risiken und bedarf daher ärztlicher Begleitung.

Mit der hier vorgestellten Low-Carb-Ernährung befinden Sie sich nur zeitweise in einer ketogenen Stoffwechsellage.

Ihre aufgenommene Tagesmenge an Kohlenhydraten können Sie leicht mithilfe der Tabelle (Seite 27) errechnen. Ergänzen Sie die Morgen- bzw. Mittagsmahlzeit gegebenenfalls um geringe Mengen an Nahrungsmitteln, die reich an komplexen Kohlenhydraten (Seite 12) sind.

So einfach kann Kohlenhydratsparen sein

Die Deutsche Gesellschaft für Ernährung (DGE) empfiehlt, mindestens 50 Prozent der Tageskalorien in Form von Kohlenhydraten zu verzehren. Das entspricht bei 1800 Kilokalorien pro Tag mindestens 900 Kilokalorien aus Kohlenhydraten, macht umgerechnet und gerundet mindestens 225 g Kohlenhydrate pro Tag. So viele Kohlenhydrate stecken ungefähr in dieser Tagesmenge:

- 2 Brötchen mit Marmelade zum Frühstück
- 1 Banane
- 300 g Lasagne Bolognese
- 1 großer Fruchtjoghurt (à 250 g)
- 1 Stück Marmorkuchen
- 1 großen Scheibe Vollkornbrot zum Abendessen (à 55 g)

In dieser Liste sieht jeder sicherlich leicht eine Menge an Kohlenhydraten, die eingespart werden könnten. Sei es bei der Brötchenmenge morgens, sei es bei der Art des Obstes.

Ein Mittagsgericht mit etwas weniger Nudeln, dafür mit etwas mehr Gemüse oder einer Rohkost-/Salatbeilage würde auf schmackhafte Weise auch mittags Kohlenhydrate einsparen. Der Nachmittagsimbiss mit ungesüßtem Joghurt, vielleicht mit ein paar frischen Beeren oder einer Handvoll Nüsse und nur ein, zwei Vollkornkeksen und das Abendbrot mit Low-Carb-Brot – so einfach kann Kohlenhydratsparen sein.

Idealerweise streichen Sie diese Kohlenhydrate aber nicht einfach so vom Speiseplan, sondern ersetzen einen Teil davon durch hochwertige Fette und Öle und mäßige (Mehr-) Portionen eiweißhaltiger Lebensmittel. Und wenn Sie dann noch für mehr und regelmäßige Bewegung in Ihrem Alltag sorgen, werden Sie trotz nur mäßiger (eventuell gar keiner) Kalorienreduktion rasch Abnehmerfolge erzielen – und diese dauerhaft halten können, sofern Sie weiter Low Carb leben.

Welcher Stoffwechseltyp bin ich?

Nicht jeder Mensch ist mit derselben geringen Menge an Kohlenhydraten glücklich. Manche brauchen mehr, manche weniger, um sich ausgeglichen und leistungsfähig zu fühlen. Das hängt ab vom jeweiligen Stoffwechseltyp. Man kann drei

Stoffwechseltypen unterscheiden: den Eiweißtyp, den Kohlenhydrattyp und den Mischtyp. Diese unterscheiden sich im Wesentlichen dadurch, dass ihr Körper unterschiedlich gut mit Kohlenhydraten im Essen umgehen kann. Wie aber finden Sie das heraus? Einfach, indem Sie sich beim und nach dem Essen gut beobachten.

Der Eiweißtyp fühlt sich nach einer kohlenhydrathaltigen Mahlzeit müde und schlapp. Er braucht lange, um Nahrung zu verdauen. Der Eiweißtyp gewinnt Kraft und Energie aus einer Kost mit reichlich Eiweiß und viel Gemüse. Er verträgt Fett gut und sollte daher täglich auch ausreichende Mengen hochwertiger Öle und Fette zu sich nehmen. Der Eiweißtyp nimmt schnell zu, wenn er entgegen seinem Ernährungstyp isst. Denn er reagiert mit starken Insulinausschüttungen bereits auf nur mäßige Mengen an Kohlenhydraten. Er nimmt aber auch gut wieder ab, wenn er eine typgerechte, eiweißbetonte, kohlenhydratarme Kost zu sich nimmt.

Der Kohlenhydrattyp fühlt sich nach einer eiweißlastigen, sehr kohlenhydratarmen Mahlzeit nicht gesättigt und zufrieden. Er braucht mit jeder Mahlzeit eine ausreichende Menge an Kohlenhydraten und nur kleine Mengen Eiweiß in Form von Fleisch, Fisch oder Ei. Er verträgt auch nur mäßige Mengen an Fett. Kohlenhydratbetonte Mahlzeiten geben diesem Stoffwechseltyp Kraft und Energie für längere Zeit. Im Gegensatz zum Eiweißtyp kann der Kohlenhydrattyp die Kohlenhydrate auch gut verstoffwechseln, er reagiert mit einer nur mäßigen Erhöhung des Blutzuckers auf kohlenhydrathaltige Lebensmittel. Sie belasten also den Insulinstoffwechsel nicht. Für den Kohlenhydrattyp ist eine streng kohlenhydratreduzierte Ernährungsform ungeeignet. Er kann mit bereits mäßiger Reduktion von Kohlenhydraten gute Abnehm-Ergebnisse erzielen, da er einen schnell verbrennenden Stoffwechsel hat. Vorausgesetzt, er hat reichlich Bewegung.

Die meisten sind irgendwo dazwischen

Die meisten Menschen befinden sich mit Ihrer Stoffwechselausstattung irgendwo zwischen diesen beiden beschriebenen Extremen des reinen Eiweiß- bzw. Kohlenhydrattyps. Ihr Körper kann also mit mäßigen Mengen an Kohlenhydraten noch gut umgehen. Und diese Mischtypen sind mit sehr kohlenhydratarmen und sehr eiweißreichen Mahlzeiten zumeist nicht zufriedenzustellen. Doch welcher Stoffwechseltyp sind Sie? Beobachten Sie sich selbst beim Essen

und nach dem Essen: Was geben Sie sich am liebsten auf den Teller? Und sind diese Nahrungsmittel auch das, womit Sie sich nach dem Essen gut fühlen? Wenn das nicht der Fall ist, ändern Sie die Zusammensetzung Ihrer Mahlzeiten und versuchen Sie zu erspüren, wie sich das dann anfühlt. Wie steht es mit der Sättigung, wie sieht's mit der Müdigkeit nach dem Essen aus und mit dem schnell oder eben nicht so schnell wiederkehrenden Appetit … Machen Sie sich bewusst, was Sie eigentlich essen. Und welches Essen Ihnen guttut. Und versuchen Sie sich einzufinden in die Low-Carb-Ernährung mit den schnellen, einfachen Rezepten in diesem Buch. Vielleicht machen Sie ja auch einmal einen Versuch – welcher Stoffwechseltyp auch immer Sie sein mögen –, abends auf Kohlenhydrate zu verzichten. Und eventuell fühlt sich das ja ganz gut an.

Viele der im Rezeptteil vorgestellten Rezepte sind extrem kohlenhydratarm, damit sie für alle Stoffwechseltypen geeignet sind. Ergänzen Sie daher die Morgen- und Mittagsmahlzeiten, die Sie hier auswählen, bei Bedarf um eine kleine Portion Kohlenhydrate. Und tasten Sie sich so heran an eine kohlenhydratbewusstere Ernährung. Mäßig Low Carb für Kohlenhydrat-Stoffwechseltypen, stärker Low Carb für Eiweißtypen.

Tipps für die Praxis

Obst ist wichtig. Behalten Sie Obst auf jedem Fall auf Ihrem Speisezettel. Lassen Sie sich nicht verunsichern von Mitmenschen oder Zeitschriftenartikeln. Im Rahmen der Low-Carb-Ernährung essen Sie es am besten nicht solo, sondern im Rahmen einer Mahlzeit (etwa zum Müsli) oder als Zwischenmahlzeit mit Joghurt oder mit ein paar Nüssen überstreut. So strömt der enthaltene Zucker nicht so rasant ins Blut und das Insulin wird nicht zu Kapriolen gezwungen.

Essen Sie fettbewusst statt fettarm. Verwenden Sie Pflanzenöle in ausreichender Menge. Sie enthalten unverzichtbare und paradoxerweise bei der Stoffwechselnormalisierung und beim Abnehmen hilfreiche mehrfach ungesättigte Fettsäuren. Kohlenhydratstoffwechseltypen, die abnehmen möchten, sollten es mit dem Fett aber nicht übertreiben und bei Fleisch, Wurst und Käse die mageren Stücke bzw. Sorten bevorzugen, fettreiche Sorten in nur geringen Mengen essen.

Bewegung tut rundum gut. Regelmäßige körperliche Betätigung beschleunigt den Abnehm-Erfolg einer Low-Carb-Ernährungsweise spürbar. Die Bewegung trägt dazu bei, dass Körperfett abgebaut wird. Sie führt dazu, dass Muskeln aufgebaut bzw. trainiert werden, was dauerhaft zu einem höheren Energieumsatz in diesen Zellen führt. Nicht zuletzt bekommt der Körper durch die Um- und Aufbauvorgänge bei Muskeln und Fett nach und nach eine schönere und straffere Form.

Schlafen Sie ausreichend. Schlafentzug macht dick bzw. verhindert das Abnehmen. Wer zu wenig schläft oder keinen erholsamen Schlaf findet und nachts immer wieder Unterbrechungen erlebt, hat eine nur unzureichende Phase, in der der Körper seine Systeme regenerieren und reparieren kann. Schlafmangel geht mit erhöhten Werten von Stresshormonen einher, die wiederum einen erhöhten Blutzuckerspiegel bedingen. In der Folge wird Insulin (Seite 12) ausgeschüttet, was wiederum den Fettabbau behindert und die Fetteinlagerung begünstigt.

Ihr Low-Carb-Vorrat

Am einfachsten kommen Sie mit den Rezepten in diesem Buch und mit Ihrer eigenen Impro-Low-Carb-Küche klar, wenn Sie sich zu Hause einen gewissen Standard-Vorrat anlegen. Im Folgenden finden Sie eine Liste, die Sie als Low-Carb-Geübte selbstverständlich nach Ihren eigenen Vorlieben kürzen oder rgänzen. Wer eine Zeit lang low carb aus den eigenen Vorräten gekocht hat, weiß gut, was er gerne jederzeit im Vorratsschrank, im Kühl- oder Gefriervorrat finden möchte.

Die Basics im Vorratsschrank

- Standard-Gewürzausrüstung (Pfeffer, Salz – am besten feinkörniges und grobes zum Mahlen), Paprikapulver, Olivenöl, Rapsöl (und ggf. noch ein kaltgepresstes Öl, z. B. Leinöl oder Walnussöl)
- hochwertiger, schmackhafter, aber neutraler Essig (und ggf. noch den einen oder anderen speziell aromatisierten Essig)
- eingelegte Tomaten
- Zwiebeln, Knoblauch (evtl. in Öl eingelegter Knoblauch)
- Tomatenmark
- in Öl eingelegter Fisch (Hering, Thunfisch)
- in Öl eingelegte Oliven
- Ajvar (eingekochte pikant bis pikant-scharfe Gemüsemischung aus Paprika und Auberginen)
- Gurken, Kapern, andere pikante eingelegte Gemüse zum Aromatisieren von belegten Broten, Quark, Frischkäse

Gemüse/Hülsenfrüchte
- Grünkohl im Glas/in der Dose
- grüne oder gelbe Bohnen im Glas (z. B. für einen schnellen Bohnensalat mit Speck)
- gegarte Bohnenkerne in der Dose (z. B. rote oder weiße Bohnen)

- getrocknete braune oder grüne oder gelbe Linsen
- rote Linsen

Nüsse/Samen/Kerne
- Mandeln, ganz
- Walnüsse, ganz (oder Haselnüsse oder andere Nüsse nach Belieben)
- nach Belieben eine Packung gesalzene Nüsse (z. B. Erdnüsse oder Cashewnüsse)
- Sesamsamen
- Sonnenblumenkerne

Brot
- Pumpernickel (große Scheiben oder Minitaler)
- Backmischung für Low-Carb-Brot
- Knäckebrot (am besten Vollkorn)
- Getreidewaffeln (sind leicht, und damit pro Scheibe kohlenhydratarm)

Die Basics im Kühlschrank
- Butter oder hochwertige Pflanzenmargarine
- Mayonnaise
- Remoulade

Käse/Wurst/Tofu
- eingelegter Fetakäse
- Parmesan oder anderer sehr harter Käse zum Reiben
- Quark, Frischkäse, Natur-Joghurt, Sahne, saure Sahne/Crème fraîche
- Schinken roh, ungeräuchert
- Frühstücksspeck/Bacon
- Salami
- Tofu (eingeschweißt)

Würzen
- Zitrone oder Zitronensaft
- zwei Sorten Pesto

Tiefkühl-Vorrat
- TK-Fischfilet nach Wahl (ungewürzt)
- Hackfleisch
- mehrere Sorten Gemüse nach Belieben (z. B. Spinat, Rosenkohl, Bohnen, Erbsen, Blumenkohl, Mischungen)
- mehrere Sorten TK-Kräuter (z. B. auch Kräutermischungen)
- TK-Beeren
- Low-Carb-Brötchen zum Wiederaufbacken (gibt's z. B. in Onlineshops)

Obst
- alle Arten von Beeren (Brombeeren, Erdbeeren, Heidelbeeren, Himbeeren, Johannisbeeren, Stachelbeeren)
- Äpfel
- Papayas
- Kakifrüchte
- Melone
- Zitrusfrüchte

Low-Carb-Hungerkiller to go
Beachten Sie bitte, dass viele der Fertigprodukte in den Saucen/Marinaden Kohlenhydrate liefern (z. B. in Form von Stärke oder Glukosesirup) und die entsprechenden Snacks wie Feinkostsalate und Fischzubereitungen am ehesten für mittags geeignet sind. Kohlenhydrate können tagsüber gut verstoffwechselt werden, ohne anzusetzen, abends aber sind sie hinderlich beim Abnehmen und Gewichthalten. Dasselbe gilt für die Snacks, die mit einer konventionellen Brotbeilage (Getreidebeilage) kombiniert werden.

Mit Ei
- Eiersalat zur Salatbox: vorbereiteten Blattsalat mit Dressing »to go« oder andere Feinkostsalate, etwa Herings- oder Thunfisch- oder Geflügelsalat mit Eiersalat aufpeppen
- hart gekochte Eier (gibt's inzwischen das ganze Jahr über im Supermarkt) und Fertigsalat

Mit Fisch
- Thunfischsalat aus dem Kühlregal mit Snackmöhren
- Heringssalat mit Minipumpernickelscheibe oder Vollkornknäcke (Brot weglassen, wenn es ein Abendsnack sein soll)
- 1 Stück Räucherforelle auf einem Bett von Feldsalat mit Quarkdressing (gekaufter Paprikaquark mit Wasser zum Dressing verrührt)

Mit Fleisch
- Minifrikadellen und Tsatsiki
- Schinken pur bzw. mit Scheiben von magerem Käse zu Rollen gerollt
- 1 Scheibe Eiweißbrot mit Zwiebelmett bestrichen

- Bratenaufschnitt mit Meerrettich auf gebuttertem Low-Carb-Brot

Mit Käse, Tofu und Co.

- Räuchertofu (oder auch roher Tofu) auf Low-Carb-Brot (ein wenig rotes Pesto darauf- oder daruntergeben)
- Käsestücke zu Chicorée (äußere Blätter wegwerfen) – es gibt inzwischen vorgeschnittenen Käse (z. B. Emmentaler/Gouda/Edamer, den man in Würfelchen aus der Packung essen kann. Eine Alternative sind Mozzarellasticks.)
- aromatisierter Quark nach Geschmack mit Eiweißbrot oder -brötchen
- Joghurt mit einer kleinen Handvoll Nüssen (z. B. Cashewkerne, Erdnüsse oder auch Walnüsse/Pecannüsse – nach Geschmack mit oder ohne Salz geröstet)

Mit Gemüse

- Spargel aus dem Glas, umwickelt mit Parmaschinken oder mit gekochtem Schinken
- gegarte rote oder weiße Bohnenkerne (Konserve) mit Parmesanspänen und Chicoréestreifen zum Salat angemacht (Dressing mit saurer Sahne, Essig, etwas Öl, Salz, Pfeffer)
- 1 EL Pesto (grün oder rot) mit 2 EL fettarmem Frischkäse vermengt als Dip zu Rohkoststicks (Paprika, Gurke, Möhre, Stangensellerie, Kohlrabi)

Süßes

- eine kleine Schale verzehrfertiges Obst und 10-prozentiger Joghurt oder 40-prozentiger Quark oder etwas flüssige oder geschlagene Sahne, am besten als Dessert (nicht Obst pur und auch nicht Obst als Zwischenmahlzeit, das lässt den Zuckerspiegel zu stark ansteigen)

Im Rahmen einer Low-Carb-Ernährung kann weder Obst pur noch Obst als Zwischenmahlzeit empfohlen werden. Das lässt den Zuckerspiegel zu stark ansteigen.

Die Kombination einer Portion Obst mit einem geeigneten fetthaltigen Lebensmittel sorgt für eine nur mäßig schnelle Aufnahme des in den Früchten enthaltenen Zuckers und einem entsprechend nur mäßigen Anstieg des Insulins. Einer unerwünscht starken Insulinausschüttung wirkt außerdem entgegen, wenn man die Obstmahlzeit im Rahmen des Frühstücks oder Mittagessens zu sich nimmt. Achten Sie auf die Menge des Obsts mehr als auf die Obstart. Den Insulinspiegel treibt vor allem eine zu große Portion Obst hoch – ganz gleich welcher Art. Ob auch sehr zuckerhaltige Früchte wie Ananas und Weintrauben gut vertragen werden, ohne bereits kurz darauf Hungergefühle auszulösen, hängt in hohem Maß von Ihrem Stoffwechseltyp ab. Für den Eiweißtyp werden vorzugsweise Äpfel, Birnen, Papaya, (Wasser-)Melone, Kiwi und alle Arten von Beeren empfohlen.

Bevor Sie mit dem Kochen loslegen

Bei Milch, Joghurt und ähnlichen Milcherzeugnissen haben wir die 3,5-prozentige Variante berechnet. Wer Kalorien und Fett sparen möchte, kann selbstverständlich die 1,5-prozentige Variante verwenden. Das spart allerdings pro 100 ml Milch bzw. 100 g Joghurt lediglich ca. 15 kcal und 1,5 bis 1,8 g Fett. Wer Fett sparen möchte, achtet besser bei Käse, Fleisch und Wurstwaren darauf, fettarme Produkte bzw. Stücke zu kaufen.

In unseren Rezepten sind nur mäßige Mengen an Öl angegeben, weil wir sie auch für die Stoffwechsel-Mischtypen verträglich halten wollen. Denn deren Stoffwechsel kann mit allzu viel Fett nicht gut umgehen, Mischtypen (Seite 23) dürfen es mit dem Fett nicht übertreiben, wenn sie ihr Gewicht halten oder gar abnehmen wollen.

Dennoch: Verwenden Sie guten Gewissens esslöffelweise hochwertige Pflanzenöle: zum Braten Rapsöl und Olivenöl, für die kalte Küche beispielsweise kaltgepresstes Oliven- oder Walnussöl. Zum Verfeinern von Dips können Sie auch geringe Mengen an Leinöl mit seinem ganz besonderen nussig-heuartigen Aroma verwenden. All diese Pflanzenöle sind reich an gesunden einfach und mehrfach ungesättigten Fettsäuren. Auch Butter eignet sich als natürliches, leichtverdauliches Fett gut als Brotaufstrich oder zum Braten. Sie enthält neben reichlichen Mengen der einfach ungesättigten Ölsäure auch die fettlöslichen Vitamine A, D und E.

Tageskalorien und -kohlenhydrate sind individuell unterschiedlich

Sie finden in diesem Buch keine absoluten Empfehlungen zu den Tagesgesamtkalorien. Zu ermitteln, welche Menge an Energie für Sie persönlich geeignet ist, Ihr Gewicht zu halten bzw. Gewicht zu verlieren, gehört zu den Aufgaben, denen Sie sich im Rahmen Ihrer Umstellung auf eine kohlenhydratbewusste Ernährung selbst stellen. Das ist ganz einfach, wenn Sie als Grundvoraussetzung zunächst den Kohlenhy-

dratgehalt Ihrer Mahlzeiten niedrig halten und sich idealerweise mehr bewegen als vorher. Tasten Sie sich dann mit den in diesem Buch vorgestellten Rezepten nach und nach an die Nahrungsmengen heran, die Ihnen guttun. Im Extremfall kann es durchaus dazu kommen, dass Sie nach erfolgreicher Umstellung Ihrer Essensgewohnheiten mehr Gesamtkalorien als vorher essen können und dennoch abnehmen. Das ist dann möglich, wenn Ihr Stoffwechsel vorher durch viele Diäten auf Sparen eingestellt war und Sie ihn

Kohlenhydrat-Mengentabelle

Kohlenhydratmenge	Portionsgröße Lebensmittel
weniger als 10 g Kohlenhydrate	100 g Eiweiß-Abendbrot bzw. Eiweiß-Brötchen (Original/ Schlank-im-Schlaf-Rezeptur) 1 EL kernige Haferflocken (10 g) 1 EL Weizenflocken (10 g) 1 EL Gerstenflocken (10 g) 50 g Getreidesprossen
10–15 g Kohlenhydrate	100 g gekochte/gebratene Kartoffeln (entspricht 1 mittelgroßen Kartoffel) 1 Eiweiß-Brötchen (Bäcker/Discounter/nicht Original-Rezeptur; 70 g)
ca. 20 g Kohlenhydrate	100 g gekochte Nudeln 100 g gekochte Hirse = ca. 30 g ungegarte Hirse 30 g ungegarter Couscous oder Bulgur 50 g ungegarte Linsen oder Bohnen
ca. 30 g Kohlenhydrate	100 g gekochter Reis = ca. 35 g ungegartem Reis 50 g ungegarte Vollkornnudeln

durch die Ernährungsumstellung in Kombination mit mehr Bewegung dazu gebracht haben, wieder aktiver zu arbeiten.

Was die ideale Tagesmenge an Kohlenhydraten betrifft, so raten wir lediglich, in der Summe unter 100 g Kohlenhydraten pro Tag zu bleiben, wenn Sie abnehmen möchten. Wenn Sie Ihr Gewicht einfach nur halten möchten, können auch etwas höhere Tagesmengen angemessen sein. Das hängt im Wesentlichen von Ihrem Stoffwechseltyp (Seite 23) sowie von der Höhe der körperlichen Beanspruchung ab.

Viele unserer Rezepte sind sehr kohlenhydratarm, und Sie können diese – insbesondere, wenn Sie sie morgens oder mittags essen – auch mit einer Kohlenhydrat-Beilage, oder -Unterlage essen. Eine praktische Hilfe bei der Bemessung von Kohlenhydratportionen soll Ihnen die folgende Kohlenhydrat-Mengentabelle an die Hand geben.

So viele KH enthalten die Rezepte

Es ist ganz einfach: Je weniger Kohlenhydrate Sie essen, umso schneller nehmen Sie ab. Aber bitte: Voraussetzung ist, dass Sie sich dennoch bei jeder Mahlzeit satt essen. Sonst werden Sie ständig mit lästigen Heißhungerattacken zu kämpfen haben. Mithilfe folgender Tabelle können Sie Gerichte selbst kombinieren.

- **Grün** sind Kohlenhydratmengen bis einschließlich 10 g pro Portion
- **Gelb** sind Kohlenhydratmengen ab 11 g bis einschließlich 20 g pro Portion
- **Blau** sind Kohlenhydratmengen ab 21 g

Die Rezepte aus diesem Buch und ihr Kohlenhydratgehalt

Seite	Zubereitungsdauer	Gesamt-Kohlenhydrate Rezept	Portionen	Kohlenhydrate pro Portion	Kaloriengehalt pro Portion
	5 Minuten				
37	Low-Carb-Schokomüsli	51,2 g	2 Portionen	25,6 g	440 kcal
39	Brombeer-Shake	19,9 g	2 Portionen	10,0 g	107 kcal
40	Low-Carb-Beerenmüsli	68,2 g	2 Portionen	34,1 g	367 kcal
40	Low-Carb-Nussmüsli de luxe	63,4 g	2 Portionen	31,7 g	358 kcal
39	Erdbeer-Shake	30,0 g	2 Portionen	15,0 g	149 kcal
39	Kiwi-Lassi	12,0 g	2 Portionen	6,0 g	54 kcal
40	Schinken-Thunfisch-Röllchen	4,5 g	2 Portionen	2,3 g	118 kcal
41	Lachsforelle mit Staudensellerie und Gurkensticks	10,2 g	2 Portionen	5,1 g	141 kcal

Seite	Zubereitungsdauer	Gesamt-Kohlen-hydrate Rezept	Portionen	Kohlenhydrate pro Portion	Kaloriengehalt pro Portion
41	Blitzguacamole	17,8 g	2 Portionen	8,9 g	571 kcal
41	Mandarinen-Minze-Frischkäse	57,4 g	2 Portionen	28,7 g	298 kcal
42	Tomaten-Feta-Dip	9,1 g	2 Portionen	4,5 g	305 kcal
42	Radieschensalat und Ei	9,6 g	2 Portionen	4,8 g	194 kcal
42	Makrelenknäcke	32,2 g	2 Portionen	16,1 g	492 kcal
45	Spanische Platte	30,3 g	2 Portionen	15,1 g	406 kcal
45	Thunfischtoast	24,7 g	2 Portionen	12,4 g	187 kcal
45	Geflügelsalat	31,6 g	2 Portionen	15,8 g	450 kcal
46	Papayasalat mit Hüttenkäse	22,1 g	2 Portionen	11,0 g	248 kcal
46	Rohkost mit zweierlei Pestodips	37,1 g	2–3 Portionen	18,6 g (2 P.)	326 kcal (2 P.)
46	Pikanter Eiersalat	3,9 g	2 Portionen	2,0 g	194 kcal
	15 Minuten				
49	Tomaten-Mozzarella-Omelett	13,6 g	2 Portionen	6,8 g	580 kcal
50	Paprika-Lauch-Rührei	17,7 g	2 Portionen	8,8 g	206 kcal
50	Curry-Eier	32,0 g	2 Portionen	16,0 g	460 kcal
50	Gefüllte Tomaten	16,4 g	2 Portionen	8,2 g	414 kcal
51	Chicorée mit Tomatendip	20,1 g	2 Portionen	10,1 g	132 kcal
51	Garnelen mit Avocado und Tomate	10,0 g	2 Portionen	5,0 g	278 kcal
51	Avocado-Aufstrich	17,2 g	2–3 Portionen	8,6 g (2 P.)	260 (2 P.)
53	Kürbiskern-Aufstrich	2,5 g	2 Portionen	1,2 g	169 kcal
53	Gefüllte Schinken-Datteln	175,9 g	2–3 Portionen	58,6 g (3 P.)	360 kcal (3 P.)
53	Gegrillte Champignons	2,1 g	2 Portionen	1,0 g	195 kcal
54	Lachs-Frischkäse-Rolle	4,6 g	2–3 Portionen	2,3 g (2 P.)	184 kcal (2 P.)

Seite	Zubereitungsdauer	Gesamt-Kohlen-hydrate Rezept	Portionen	Kohlenhydrate pro Portion	Kaloriengehalt pro Portion
54	Kohlrabisalat	48,8 g	2 Portionen	24,4 g	191 kcal
54	Bunter Salat	13,0 g	2 Portionen	6,5 g	392 kcal
56	Tomaten-Carpaccio mit Rukola-Dressing	15,1 g	2 Portionen	7,6 g	138 kcal
56	Gemischter Blattsalat mit Limettendressing	5,5 g	2–3 Portionen	2,7 g (2 P.)	211 kcal (2 P.)
56	Käsesalat	24,1 g	2 Portionen	12,1 g	574 kcal
57	Kohlrabi-Möhren-Rohkost	31,2 g	2–3 Portionen	15,6 g (2 P.)	179 kcal (2 P.)
57	Räuchertofu in Zitronensahne	14,7 g	2 Portionen	7,4 g	378 kcal
57	Rotbarsch in Senfsauce	9,8 g	2 Portionen	4,9 g	523 kcal
59	Tilapiafilet mit Blattspinat	19,9 g	2 Portionen	6,4 g	478 kcal
59	Lachs im Schinkenmantel mit Dillsauce	7,0 g	2 Portionen	3,5 g	658 kcal
59	Pizza-Schnitzel Margherita	5,4 g	2 Portionen	2,7 g	473 kcal
60	Kalbsschnitzel mit Kräuterkruste	22,1 g	2 Portionen	11,1 g	395 kcal
60	Birnen-Kompott	31,2 g	3 Portionen	10,4 g	46 kcal
60	Ricottacreme mit Granat-apfelkernen	36,4 g	2 Portionen	18,2 g	246 kcal
63	Erdbeer-Kokos-Creme	24,8 g	3 Portionen	8,3 g	416 kcal
63	Mandel-Pfannkuchen	24,0 g	2 Portionen	12,0 g	620 kcal
63	Orangen-Lassi	34,6 g	2 Portionen	17,3 g	159 kcal
	30 Minuten				
65	Avocadosuppe mit Forellenfilets	14,1 g	2 Portionen	7,1 g	333 kcal
66	Möhren-Orangen-Suppe	51,7 g	2 Portionen	25,8 g	279 kcal
66	Kohlrabi-Möhren-Suppe	38,0 g	2 Portionen	19,0 g	299 kcal

Seite	Zubereitungsdauer	Gesamt-Kohlen-hydrate Rezept	Portionen	Kohlenhydrate pro Portion	Kaloriengehalt pro Portion
66	Scharfe Currysuppe	17,7 g	2–3 Portionen	8,9 g (2 P.)	354 kcal (2 P.)
69	Rote-Bete-Suppe	41,1 g	2 Portionen	20,5 g	402 kcal
69	Suppe mit Käsenocken	24,4 g	2 Portionen	12,2 g	321 kcal
69	Lauchcremesuppe	20,4 g	2 Portionen	10,2 g	306 kcal
70	Tomaten-Linsen-Salat	48,7 g	2 Portionen	24,3 g	279 kcal
70	Spargelsuppe	22,0 g	2 Portionen	11,0 g	354 kcal
70	Hähnchenhappen in Mandelkruste	33,9 g	2–3 Portionen	11,3 g (3 P.)	628 kcal (3 P.)
72	Geflügelsalat	7,3 g	2 Portionen	3,7 g	407 kcal
72	Warmer Feldsalat mit kaltem Braten	21,8 g	2 Portionen	10,9 g	385 kcal
73	Spargel-Erdbeer-Salat	48,7 g	2 Portionen	24,3 g	512 kcal
73	Eier-Blumenkohl-Ragout	43,6 g	2 Portionen	21,8 g	399 kcal
74	Avocado mit Ei	10,6 g	2 Portionen	5,3 g	238 kcal
74	Spinatrolle	9,4 g	2 Portionen	4,7 g	348 kcal
74	Tofu-Tomaten-Spieße	22,1 g	2 Portionen	11,1 g	478 kcal
77	Gebratenes Gemüse mit frittiertem Tempeh	43,4 g	2 Portionen	21,7 g	590 kcal
77	Mangoldpfanne mit Räuchertofu	28,7 g	2–3 Portionen	14,3 g (2 P.)	389 kcal (2 P.)
78	Chili con Soja	38,1 g	2 Portionen	19,1 g	292 kcal
78	Mangoldgemüse	17,0 g	2 Portionen	8,5 g	190 kcal
78	Mediterranes Sommergemüse	18,7 g	2 Portionen	9,4 g	232 kcal
81	Paprika-Sellerie-Gemüse	18,9 g	2 Portionen	9,4 g	175 kcal
81	Heilbutt-Zucchini-Auflauf	8,4 g	2 Portionen	4,2 g	346 kcal
81	Zander mit Fenchel-Tomaten-Salsa	17,6 g	2 Portionen	8,8 g	365 kcal

Seite	Zubereitungsdauer	Gesamt-Kohlen-hydrate Rezept	Portionen	Kohlenhydrate pro Portion	Kaloriengehalt pro Portion
82	Gebratene Forelle mit Pfifferlingen	3,6 g	2 Portionen	1,8 g	612 kcal
82	Paprika-Fisch-Ragout	26,2 g	2 Portionen	13,1 g	393 kcal
82	Miesmuscheln im Weinsud	30,9 g	2 Portionen	15,4 g	340 kcal
85	Gefüllte Putenbrust	1,4 g	2 Portionen	0,7 g	400 kcal
85	Entengeschnetzeltes	11,2 g	2 Portionen	5,6 g	354 kcal
85	Kassler mit Jaromagemüse	33,9 g	2 Portionen	17,0 g	498 kcal
86	Gefüllte Hackbällchen mit Zwiebelgemüse	16,0 g	2 Portionen	8,0 g	539 kcal
86	Apfelsüppchen mit Schaumnocken	61,4 g	2 Portionen	30,7 g	170 kcal
89	Orangen-Lasagne	30,2 g	4 Portionen	7,6 g	258 kcal
89	Marinierte Heidelbeeren	17,4 g	2 Portionen	8,7 g	139 kcal
89	Erdbeermarmelade	28,7 g	4 Portionen	7,2 g	56 kcal
45 Minuten					
91	Käsesoufflé	29,4 g	2 Portionen	14,7 g	469 kcal
92	Gurkenkaltschale	11,2 g	2 Portionen	5,6 g	129 kcal
92	Geschäumte Fenchelsuppe	16,0 g	2 Portionen	8,0 g	385 kcal
92	Lauchtopf mit Hackfleisch	22,8 g	2 Portionen	11,4 g	666 kcal
95	Griechisches Auberginenmus	22,2 g	2 Portionen	11,1 g	387 kcal
95	Gurken-Bohnen-Salat	18,3 g	2 Portionen	9,1 g	165 kcal
95	Kabeljau-Spinat-Auflauf	13,3 g	2 Portionen	6,7 g	388 kcal
96	Fischklößchen mit Kräutersauce	10,4 g	2 Portionen	5,2 g	448 kcal
96	Chinakohl-Puten-Curry	16,8 g	2 Portionen	8,4 g	625 kcal
97	Schweinelendchen mit Paprika-Linsen	37,1 g	2 Portionen	18,5 g	413 kcal

Seite	Zubereitungsdauer	Gesamt-Kohlen-hydrate Rezept	Portionen	Kohlenhydrate pro Portion	Kaloriengehalt pro Portion
97	Chicken Wings	30,9 g	2 Portionen	15,5 g	697 kcal
98	Entenbrust mit Rosenkohl	23,5 g	2 Portionen	11,8 g	659 kcal
98	Terijaki-Chicken	22,1 g	2 Portionen	11,0 g	367 kcal
60 Minuten					
101	Überbackene Zucchiniröllchen	26,0 g	2 Portionen	13,0 g	559 kcal
102	Artischocke mit Schafskäse-Dip	27,8 g	2 Portionen	13,9 g	275 kcal
102	Gebackene Rote Bete	36,6 g	2 Portionen	18,3 g	196 kcal
102	Marinierte Fleischspieße	14,2 g	2 Portionen	7,1 g	303 kcal
105	Zucchini-Quiche mit Schafskäse	36,6 g	2–3 Portionen	12,1 g (3 P.)	490 kcal (3 P.)
105	Vegetarische Wirsingroulade	69,1 g	2–3 Portionen	23,0 g (3 P.)	439 kcal (3 P.)
106	Rehragout	30,6 g	2 Portionen	15,3 g	643 kcal
106	Marinierte Hähnchenschenkel	7,6 g	2 Portionen	3,8 g	497 kcal
106	Gulasch mit Rotkohl	24,7 g	2 Portionen	12,3 g	500 kcal
108	Zucchini-Lasagne	19,4 g	2–3 Portionen	6,5 g (3 P.)	432 kcal (3 P.)
108	Brombeer-Buttermilch-Eis	11,8 g	2 Portionen	5,9 g	126 kcal
109	Johannisbeeren in Weingelee	15,4 g	2 Portionen	7,7 g	180 kcal
109	Panna Cotta mit Pfirsichmus	16,9 g	2–3 Portionen	5,6 g (3 P.)	257 kcal (3 P.)
110	Hackröllchen mit Tomatensauce	22,3 g	2 Portionen	11,1 g	436 kcal
110	Hähnchenschenkel mit Zuckerschoten	8,2 g	2 Portionen	4,1 g	787 kcal
111	Beerenauflauf	56,9 g	2 Portionen	28,5 g	563 kcal
111	Low-Carb-Quarkkeulchen	81,4 g	2 Portionen	40,9 g	408 kcal

Ihre Low-Carb-Leckereien

Viele der Rezepte in diesem Buch sind sehr kohlenhydratarm – und insbesondere wenn Sie diese Gerichte morgens oder mittags essen, können Sie auch eine Kohlenhydratbeilage dazu genießen.

Ein Luxusmüsli mit feiner Schokolade

Low-Carb-Schokomüsli

KH pro Portion 26 g
Für 2 Portionen • gelingt leicht
⊘ 5 Min.

4 geh. EL Sojaflocken • 4 geh. EL Schoko-Cornflakes •
2 geh. EL geraspelte Bitterschokolade (mind. 80 %
Kakao) • 2 geh. EL Mandelblättchen • 50 g frische Heidelbeeren • 2 gestr. EL Kakaopulver (kalt löslich) • 400 ml
Milch

● Alle trockenen Zutaten bis auf den Kakao mischen
und auf zwei Müslischalen aufteilen. Die Beeren ggf.
abbrausen und über dem Müsli verteilen.

● Über jede Portion 1 gestr. EL Kakaopulver stäuben
und die Milch darübergießen.

Tipp Raspeln Sie Ihre Bitterschokolade am besten auf
Vorrat, dann geht das Müslimixen morgens blitzschnell.
Als Alternative zu den frischen Beeren können Sie auch
1 EL getrocknete Beeren pro Portion nehmen.

Sieht wunderschön aus!
Brombeer-Shake

KH pro Portion 10 g
Für 2 Portionen • gelingt leicht
⊘ 5 Min.

100 g Brombeeren • 200 ml Milch •
100 g Dickmilch • 1 TL Zitronensaft •
Süßstoff nach Belieben

● Die Brombeeren verlesen und
wenn nötig, waschen. Im Mixer
mixen.

● Milch, Dickmilch und Zitronensaft zugeben und nochmals
mixen. Mit Süßstoff nach Belieben
abschmecken.

Tipp Wer die Kerne der Brombeeren nicht mag, streicht das Brombeermus durch ein feines Sieb.
Dann erst mit den übrigen Zutaten
mischen.

Mit heimischen Erdbeeren
Erdbeer-Shake

KH pro Portion 15 g
Für 2 Portionen • gelingt leicht
⊘ 5 Min.

200 g Erdbeeren • 200 g Mager-
joghurt • 200 ml Milch • 1 EL Limettensaft (alternativ ½ EL Zitronensaft) • 1 Spritzer flüssiger Süßstoff

● Die Erdbeeren waschen und putzen. Zusammen mit den übrigen
Zutaten in den Mixer geben und
durchmixen.

● In zwei hohe Gläser gießen und
servieren.

Erfrischend und nicht zu süß
Kiwi-Lassi

KH pro Portion 6 g
Für 2 Portionen • gelingt leicht
⊘ 5 Min.

2 Kiwis • 200 g Soja-Joghurt •
1 EL Zitronensaft • Süßstoff nach
Belieben

● Die Kiwis schälen und in grobe
Stücke schneiden.

● Die Kiwistücke mit dem Soja-
Joghurt, 200 ml Wasser, dem
Zitronensaft und nach Belieben
etwas Süßstoff im Mixer gründlich
mixen.

◄ Brombeer-Shake, Erdbeer-Shake,
Kiwi-Lassi

Lecker mit heimischen Beeren

Low-Carb-Beeren-müsli

KH pro Portion 34 g
Für 2 Portionen • gelingt leicht
⊘ 5 Min.

4 geh. EL Sojaflocken • 2 geh. EL Cornflakes • 2 geh. EL Mandelstifte • 3 EL gepuffter Amaranth (z. B. aus dem Bioladen) • 150 g Erdbeeren (oder andere Beeren der Saison) • 200 g Vanillejoghurt • 200 g Naturjoghurt

● Sojaflocken, Cornflakes, Mandelstifte und Amaranth in einer Schüssel mischen, dann auf zwei Müslischalen verteilen.

● Die Erdbeeren waschen, putzen und klein schneiden. Erdbeeren auf beide Müslischalen verteilen, jeweils den Vanillejoghurt und den Naturjoghurt dazugeben und unterrühren. Wer sein Müsli flüssiger mag, mischt noch 1–2 EL Milch unter.

Nussig und kernig für viel Power

Low-Carb-Nuss-müsli de luxe

KH pro Portion 32 g
Für 2 Portionen • gelingt leicht
⊘ 5 Min.

30 g Cashewnüsse • 30 g getrocknete Papaya • 3 geh. EL Sojaflocken • 2 geh. EL Haferkleie • 2 geh. EL gepuffter Buchweizen • 2 EL Kokoschips • 1 EL gehackte Haselnüsse • 400 ml fettarme Milch

● Cashewnüsse hacken und die getrockneten Papayastücke klein schneiden.

● Alle trockenen Zutaten in einer großen Schüssel mischen, auf zwei Müslischalen verteilen und mit der Milch übergießen.

Schnell gemacht und herzhaft

Schinken-Thun-fisch-Röllchen

KH pro Portion 2 g
Für 2 Portionen • gelingt leicht
⊘ 5 Min.

1 kleine Dose Thunfisch in Öl (benötigt werden 100 g Fisch) • Salz • Pfeffer, frisch gemahlen • 1–2 EL TK-Petersilie • 100 g Lachsschinken • 2 Mini-Gurken

● 100 g Thunfisch aus der Dose nehmen und mit etwas von dem Öl auf einem Teller mit einer Gabel zerdrücken. Mit wenig Salz und reichlich Pfeffer sowie mit der Petersilie würzen.

● Die Thunfischmasse auf die Schinkenscheiben verteilen und jede Scheibe aufrollen. Die Rollen auf Teller verteilen.

● Gurken waschen und in dicke Scheiben schneiden, zu den Röllchen geben.

Variante Als Mittagsimbiss mit je 1 Low-Carb-Brötchen servieren.

Mit knackigem Gemüse

Lachsforelle mit Staudensellerie

KH pro Portion 5 g
Für 2 Portionen • gelingt leicht
⊘ 5 Min.

2 Stangen Staudensellerie • 2 Mini-gurken • 150 g geräucherte Lachs-forellenfilets (gibt es z. B. beim Discounter) • 2 EL Sahnemeerret-tich • Salz • Pfeffer, frisch gemahlen • 2 geh. EL Kräuterquark (40 %)

● Staudensellerie und Gurken wa-schen und putzen. Staudensellerie waschen und die Fäden von unten nach oben abziehen. Das Gemüse längs in schmale Streifen von etwa 8 cm Länge schneiden.

● Die Lachsforellenfilets auf zwei Teller verteilen, dünn mit Sah-nemeerrettich bestreichen, die Gemüsestreifen darauf verteilen und nach Belieben einrollen. Mit je einem gehäuften EL Kräuterquark servieren.

Variante Wer möchte, reicht dazu – z. B. für einen Mittagsimbiss – je 2 Mini-Pumpernickelscheiben, ergibt dann (ca. 6,5 g KH zusätzlich pro Portion).

Leuchtend grüner Brotaufstrich

Blitzguacamole

KH pro Portion 9 g
Für 2 Portionen • gut vorzubereiten
⊘ 5 Min.

1 vollreife, sehr weiche Avocado • 2 EL Petersilienpesto • Knoblauch-granulat (wenn mehr Zeit vorhan-den ist frischer Knoblauch) • Salz • Pfeffer, frisch gemahlen • 2 Spritzer Zitronensaft • 2 Eiweißbrötchen

● Die Avocado längs halbieren, den Kern herausnehmen, das Fruchtfleisch mit einem Löffel aus den Schalen lösen und auf einem flachen Teller geben. Petersilien-pesto hinzufügen und das Ganze mit einer Gabel fein zermusen.

● Das Avocadomus mit Knob-lauchgranulat, Salz, Pfeffer und Zitronensaft abschmecken und die Eiweißbrötchen damit bestreichen.

Mit fruchtiger Note

Mandarinen-Minze-Frischkäse

KH pro Portion 29 g
Für 2 Portionen • gut vorzubereiten
⊘ 5 Min.

1 kleine Dose Mandarinen • 100 g Doppelrahmfrischkäse • 1 Handvoll Minzeblättchen (ca. 10 Stück) • Salz • Pfeffer, frisch gemahlen • 4 Scheiben Sesamknäckebrot

● 10 Mandarinenspalten aus der Dose nehmen und auf Küchenpa-pier abtropfen lassen. Inzwischen den Frischkäse in eine Schüssel geben. Die Minzeblättchen fein hacken. Die Mandarinen klein schneiden.

● Minze und Mandarinen un-ter den Frischkäse rühren. Den Mandarinen-Minze-Frischkäse mit Salz und Pfeffer abschmecken und das Sesamknäckebrot damit bestreichen.

Tipp Inzwischen gibt es auf verschiedenste Art gewürzte und verfeinerte Frischkäsezubereitun-gen – von fruchtig über würzig bis chilischarf –, die sich hervorragend für den blitzschnellen Low-Carb-Imbiss eignen.

Leicht scharf und lecker

Tomaten-Feta-Dip

KH pro Portion 5 g
Für 2 Portionen • gut vorzubereiten
◔ 5 Min.

50 g Feta • 25 g in Öl eingelegte getrocknete Tomaten (+ 1 EL Tomatenöl) • 2 EL Haselnüsse (oder Mandeln) • Pfeffer (bzw. Sambal oelek bzw. Pul biber (Chiliflocken) nach Geschmack) • 2 Scheiben Low-Carb-Brot • Außerdem: elektrischer Mixer/ Nussmühle

● Den Feta grob zerbröselt in den Mixer geben. Die Tomaten und das Öl dazugeben, ebenso die Haselnüsse.

● Alles zu einer noch relativ groben Masse mixen. Diese mit Pfeffer bzw. Sambal oelek oder Pul biber würzig abschmecken und das Brot (nach Belieben geröstet) dick damit bestreichen.

Schön würzig und frisch

Radieschensalat und Ei

KH pro Portion 5 g
Für 2 Portionen • preisgünstig
◔ 5 Min.

1 Bund Radieschen • 50 g Schmand • 1 EL Zitronensaft • Salz • Pfeffer, frisch gemahlen • 2 EL TK-Schnittlauch • 2 gekochte Eier (vom Vortag oder gekauft) • Außerdem: elektrischer Gemüsehobel

● Die Radieschen waschen, putzen und mit dem elektrischen Gemüsehobel (Schneideeinsatz für Gurken) in Scheiben hobeln. Mit Schmand, Zitronensaft, Salz, Pfeffer und Kräutern nach Belieben verrühren. Abschmecken.

● Die Eier pellen und in dicke Scheiben schneiden, nach Belieben mit etwas Salz und Pfeffer bestreuen und mit dem Salat servieren.

Für Fischfreunde

Makrelenknäcke

KH pro Portion 16 g
Für 2 Portionen • gelingt leicht
◔ 5 Min.

200 g geräucherte Makrele • 4 Knäckebrotscheiben (leicht & cross) • einige Rukolablätter • 200 g Kräuterquark • roter Pfeffer aus der Mühle

● Das Makrelenfleisch von der Haut lösen, etwas zerteilen und auf die Knäckebrotscheiben legen.

● Die Rukolablätter waschen, trocken schütteln, auf den Fisch legen und den Kräuterquark darauf verteilen (oder dazu essen). Nach Belieben roten Pfeffer darübermahlen.

❥ Low-Carb-Brot mit Tomaten-Feta-Dip

5 Min.

Leckere Tapas

Spanische Platte

KH pro Portion 15 g
Für 2 Portionen • gelingt leicht
⊘ 5 Min.

1 Baguettebrötchen • 50 g Manchegokäse • 50 g Serranoschinken • 100 g große grüne Oliven mit Stein • 2 EL Olivenöl

● Das Baguettebrötchen schräg in fingerdicke Scheiben schneiden und diese im Toaster rösten. Den Käse in mundgerechte Stücke schneiden (kleine Scheiben oder Stifte). Schinken, Oliven und Käse auf einer Platte anrichten.

● Die angerösteten Brotscheiben mit dem Olivenöl beträufeln und dazu servieren.

Variante Käsefans nehmen 100 g Käse und stattdessen nur die Hälfte an Oliven.

Schnell gemacht und sättigend

Thunfischtoast

KH pro Portion 12 g
Für 2 Portionen • gelingt leicht
⊘ 5 Min.

1 kl. Dose Thunfisch in Öl (140 g Abtropfgewicht) • 2 Scheiben Vollkorntoastbrot (à 25 g) • 1/4 rote Paprikaschote • 100 g Paprikaquark oder anderer Gewürzquark • Salz • Pfeffer, frisch gemahlen

● Den Thunfisch abtropfen lassen und den Vollkorntoast relativ kross toasten. Inzwischen die Paprika waschen und in feine Würfel schneiden. Paprika in einer Schüssel mit dem Thunfisch und dem Quark vermengen.

● Die Mischung nach Belieben mit Salz und Pfeffer abschmecken, auf den Toastbroten verteilen und sofort servieren.

Schmeckt auch Gästen prima

Geflügelsalat

KH pro Portion 16 g
Für 2 Portionen • gut vorzubereiten
⊘ 5 Min.

50 g Fetakäse • 1 kl. Dose Mandarinen (benötigt werden 100 g Mandarinenspalten und etwas Saft) • 150 g gebratene Hähnchenstreifen (gibt es z. B. in der Kühltheke beim Discounter) • 50 g Remoulade • 100 g Joghurt • 1 EL TK-Petersilie • Salz • Pfeffer, frisch gemahlen • etwas Mandarinensaft

● Den Fetakäse zerbröseln. 100 g Mandarinenspalten in Stücke scheiden. Feta und Mandarinen zusammen mit den Hähnchenstreifen sowie etwas Mandarinensaft in einer Schüssel vermengen.

● Die Remoulade, den Joghurt und die Petersilie dazugeben und unterrühren. Den Salat mit wenig Salz, reichlich Pfeffer und eventuell noch weiterem Mandarinensaft aus der Dose abschmecken.

Variante Sehr appetitlich sieht dieser Salat auf einem Bett aus Feldsalat, frischem jungem Spinat oder auch auf Chicoréeblättern aus.

◄◄ Spanische Platte

Fruchtig, herzhaft – einfach lecker

Papayasalat mit Hüttenkäse

KH pro Portion 11 g
Für 2 Portionen • exotische Zutaten
⊘ 5 Min.

1 kleine reife Papaya (200 g) •
1–2 EL Limettensaft • Salz • Zucker •
2 EL Chiliöl • Cayennepfeffer nach
Geschmack • 2 EL TK-Basilikum •
200 g körniger Frischkäse

● Die Papaya schälen, halbieren,
mit einem Löffel die Kerne heraus-
schaben und das Fruchtfleisch in
Stücke schneiden.

● Papaya in eine Schüssel geben.
Den Limettensaft sowie etwas
Salz und Zucker hinzufügen, dann
das Chiliöl sowie das Basilikum
und den Frischkäse untermischen.
Gegebenenfalls mit Cayennepfeffer
abschmecken.

Variante Gut zum pikanten Papayasalat passen indische Linsenfla-
den, die es im Asiamarkt zu kaufen
gibt. Sie werden ganz kurz in
heißem Öl knusprig ausgebacken.

Knackiges Gemüse zum Dippen

Rohkost mit zweierlei Pestodips

KH pro Portion 8 g
Für 2–3 Portionen • preisgünstig
⊘ 5 Min.

250 g Magerquark • 2 EL rotes
Pesto • 2 EL grünes Pesto • Salz •
Pfeffer nach Geschmack • 3 Stangen
Staudensellerie • 2 junge, kleine
Kohlrabi

● Den Quark auf 2 Schälchen
verteilen, die eine Portion mit dem
roten Pesto, die andere mit dem
grünen Pesto vermengen. Mit Salz
und Pfeffer abschmecken.

● Staudensellerie waschen und
die Fäden von unten nach oben abziehen, Kohlrabi dünn schälen. Das
Gemüse in Stifte schneiden und
diese mit den Dips genießen.

Fein gewürzt mit Kapern

Pikanter Eiersalat

KH pro Portion 2 g
Für 2 Portionen • preisgünstig
⊘ 5 Min.

1 EL Weißweinessig • 1 geh. TL
scharfer Senf • Salz • Pfeffer, frisch
gemahlen • Zucker • 2 EL Öl • 1 Ro-
manasalatherz • 1 EL Kapern • 2 hart
gekochte Eier • ½ Kästchen Kresse

● Aus dem Essig, dem Senf, den
Gewürzen und dem Öl ein pikan-
tes Dressing rühren. Das Salatherz
zerteilen, putzen, die Blätter waschen und klein schneiden.

● Salat und Kapern unter das
Dressing rühren. Eier pellen, in
Scheiben oder Achtel schneiden
und unter den Salat heben, mit
reichlich Kresse bestreut servieren.

❖ Pikanter Papayasalat
mit Hüttenkäse

Ein ganz feines Omelett, prima auch für den Brunch

Tomaten-Mozzarella-Omelett

KH pro Portion 7 g
Für 2 Portionen • gelingt leicht
⊘ 15 Min.

200 g Cocktailtomaten • ½ Kugel Mozzarella (60 g) • ½ Bund Petersilie • 5 Eier • 60 g Sahne • Salz • Pfeffer, frisch gemahlen • Muskatnuss • 2 EL Butter (30 g)

● Die Tomaten waschen, putzen und vierteln. Den Mozzarella abtropfen lassen und in dünne Scheiben schneiden. Die Petersilie waschen, trocken schütteln, die Blättchen abzupfen und fein hacken.

● Die Eier mit der Sahne gründlich verquirlen. Die Hälfte der Petersilie untermischen. Mit Salz, Pfeffer und Muskatnuss würzen.

● Die Butter in zwei mittelgroßen Pfannen aufschäumen. Jeweils die Hälfte der Eiermasse in die Pfannen geben und kurz stocken lassen. Tomaten und Mozzarella darauf verteilen und zugedeckt 3–5 Min. stocken lassen.

● Zum Servieren das Omelett auf einen Teller gleiten lassen und mit der übrigen Petersilie bestreuen.

15 Min.

Mit einer Extraportion Gemüse

Paprika-Lauch-Rührei

KH pro Portion 9 g
Für 2 Portionen • gelingt leicht
⊙ 15 Min.

1 Paprikaschote • 1 Stange Lauch • 4 Eier • Salz • Pfeffer, frisch gemahlen • 2 EL Olivenöl • ½ Bund Petersilie

● Die Paprikaschote putzen, waschen und in feine Streifen schneiden. Den Lauch waschen, putzen und in feine Ringe schneiden. Die Eier verquirlen und mit Salz und Pfeffer würzen.

● Das Öl erhitzen und die Paprikastreifen und die Lauchringe andünsten. Die Eier zugeben und unter Rühren stocken lassen.

● Die Petersilie waschen und trocken schütteln, die Blättchen abzupfen und fein hacken. Petersilie großzügig über das Rührei streuen.

In fein-sahniger Sauce

Curry-Eier

KH pro Portion 16 g
Für 2 Portionen • preisgünstig
⊙ 15 Min.

4 Eier • 1 kleine Zwiebel • 1 EL Butter • 2 EL Mehl • 1 TL Currypulver • 200–300 ml Gemüsebrühe • 100 g Sahne • Salz • Pfeffer, frisch gemahlen • 1 EL gehackte Petersilie

● Die Eier 8 Min. kochen. In der Zwischenzeit die Zwiebel abziehen und fein würfeln. Die Butter erhitzen und die Zwiebeln darin andünsten. Mehl und Currypulver zugeben und unter Rühren anrösten. Mit Gemüsebrühe ablöschen, aufkochen und 5 Min. köcheln lassen.

● Die Eier kalt abschrecken, pellen und vierteln. Mit der Sahne in die Currysauce geben und erhitzen. Mit Salz und Pfeffer abschmecken und die Petersilie einstreuen.

Das passt dazu Dazu schmeckt gedünstetes Gemüse wie z. B. Brokkoli oder Blumenkohl.

Prima als Vorspeise für Gäste

Gefüllte Tomaten

KH pro Portion 8 g
Für 2 Portionen • preisgünstig
⊙ 10 Min.

4 Tomaten • 1 Dose Thunfisch natur (150 g) • 1 Frühlingszwiebel • 1 kleine Knoblauchzehe • 1 TL Kapern • 2 EL Zitronensaft • 4 EL Olivenöl • Salz • Pfeffer, frisch gemahlen

● Die Tomaten waschen. Von den Tomaten einen Deckel abschneiden. Die Tomaten anschließend aushöhlen.

● Den Tunfisch in eine Schüssel geben und zerpflücken. Die Frühlingszwiebel waschen, putzen und in feine Ringe schneiden. Den Knoblauch abziehen und fein würfeln. Zwiebeln, Knoblauch und Kapern zum Tunfisch geben und alles vermengen.

● Zitronensaft, Olivenöl, Salz und Pfeffer zu einem Dressing vermischen und unter den Tunfisch mischen. In die Tomaten füllen und den Deckel daraufsetzen.

Variante Statt Kapern können Sie auch prima klein gewürfelte Paprikastücke untermischen.

15 Min.

Schönes Fingerfood zum Dippen

Chicorée mit Tomatendip

KH pro Portion 10 g
Für 2 Portionen • preisgünstig
⊘ 10 Min.

2 Stauden Chicorée • 1 Tomate •
1 Frühlingszwiebel • 125 g Quark •
3 EL Milch • Salz • Pfeffer, frisch
gemahlen • Paprikapulver

● Den Chicorée waschen und
putzen. Den Strunk keilförmig he-
rausschneiden und die einzelnen
Blätter voneinander lösen.

● Die Tomate waschen, vierteln,
entkernen und den Stielansatz entfernen. Die Tomate in ganz feine
Würfel schneiden. Die Frühlingszwiebel waschen, putzen und in
feine Ringe schneiden.

● Den Quark mit der Milch
verrühren. Tomatenwürfel und
Frühlingszwiebelringe untermischen und den Dip mit Salz, Pfeffer
und Paprikapulver abschmecken.
Die Chicoréeblätter mit dem Dip
servieren.

Variante Der Chicorée lässt sich
wunderbar durch ein anderes
Gemüse, z. B. Staudensellerie oder
Gurkenstücke, ersetzen.

Ganz einfach, aber köstlich

Garnelen, Tomaten und Avocado

KH pro Portion 5 g
Für 2 Portionen • gelingt leicht
⊘ 10 Min.

100 g Cocktailtomaten • ½ Avocado •
1 EL Limettensaft • 100 g Garnelen
(küchenfertig) • 75 g Crème fraîche •
Salz • Pfeffer, frisch gemahlen

● Die Tomaten waschen, halbieren oder vierteln, die Stielansätze
dabei entfernen. Das Avoca-
do-Fruchtfleisch mit einem
Löffel aus der Schale lösen und in
Streifen bzw. mundgerechte Stücke
schneiden. Mit etwas Limettensaft
beträufeln. Die Garnelen waschen
und trocken tupfen.

● Crème fraîche mit dem übrigen
Limettensaft vermischen und mit
Salz und Pfeffer abschmecken.

● Tomaten, Avocadostücke und
Garnelen auf zwei Teller anrichten
und das Limettendressing darüber
verteilen.

Cremig-mild, schmeckt Kindern

Avocado-Aufstrich

KH pro Portion 5 g
Für 2–3 Portionen • gelingt leicht
⊘ 10 Min.

1 Frühlingszwiebel • 1 kleine Knoblauchzehe • 1 kleine reife Avocado •
1 EL Zitronensaft • 100 saure Sahne •
Salz • Pfeffer, frisch gemahlen

● Die Frühlingszwiebel waschen,
putzen und in feine Ringe schneiden. Den Knoblauch abziehen und
durch die Presse drücken.

● Die Avocado längs halbieren und
den Kern entfernen. Das Fruchtfleisch mit einem Löffel aus der
Schale heben und in grobe Stücke
schneiden.

● Avocado, Zitronensaft, Frühlingszwiebel und Knoblauch mit
dem Mixstab pürieren. Die saure
Sahne unterrühren. Mit Salz und
Pfeffer abschmecken.

Auch zum Überbacken geeignet

Kürbiskern-Aufstrich

KH pro Portion 1 g
Für 2 Portionen • gut vorzubereiten
⊙ 15 Min.

50 g Kürbiskerne • ½ EL Zitronen-saft • 50 g Soja-Joghurt • 2 TL gerie-bener Parmesan • Salz • Pfeffer

● Die Kürbiskerne in einer trocke-nen Pfanne anrösten, bis sie duf-ten. Herausnehmen und abkühlen lassen.

● Die Kerne im Blitzhacker ganz fein hacken. Mit dem Zitronensaft und dem Soja-Joghurt verrühren und den Aufstrich mit Salz und Pfeffer abschmecken.

Prima als Häppchen für Gäste

Gefüllte Schinken-Datteln

KH pro Portion 20 g
Für 2–3 Portionen • gut vorzubereiten
⊙ 10 Min.

12 Datteln • 50 g Feta • 12 Scheiben Frühstücksschinken • ½ TL Öl

● Die Datteln längs aufschnei-den und den Kern entfernen. Den Schafskäse in 12 längliche Stücke schneiden.

● Den Käse in die Datteln legen, diese leicht zusammendrücken und mit je 1 Scheibe Frühstücks-schinken umwickeln.

● Das Öl in einer Pfanne erhit-zen und die Datteln rundherum anbraten.

Variante Für mehr Dattelge-schmack nur die Hälfte Schinken verwenden. Die Scheiben vor dem Umwickeln halbieren. Und damit sie sich beim Anbraten nicht lösen, mit Zahnstochern befestigen.

Passen zu einem Glas Wein

Gegrillte Champignons

KH pro Portion 1 g
Für 2 Portionen • preisgünstig
⊙ 15 Min.

4 weiße Champignons • 50 g Frisch-käse • 4 Scheiben geräuchertes Bauchfleisch • 1 TL Öl

● Die Champignons putzen und den Stiel entfernen. Den Frisch-käse mit einem Löffel oder einem Messer in die Pilzköpfe streichen. Jeweils 1 Pilzkopf mit 1 Scheibe Bauchfleisch umwickeln.

● Das Öl erhitzen und die Pilze darin rundherum anbraten. Zu-gedeckt noch 5 Min. bei geringer Hitze ziehen lassen.

15 Min.

◄ Kürbiskern-Aufstrich

Feine Häppchen als Appetizer

Lachs-Frischkäse-Rolle

KH pro Portion 1 g
Für 2–3 Portionen • gut vorzubereiten
⊘ 10 Min.

200 g geräucherter Lachs •
150 g Frischkäse mit Joghurt •
1 TL Zitronensaft • 1 EL gehackter
Dill • Salz • Pfeffer, frisch gemahlen

● Die Lachsscheiben nebeneinander auf einem Stück Frischhaltefolie ausbreiten, dabei den Lachs leicht überlappen lassen.

● Den Frischkäse mit Zitronensaft und Dill vermischen, mit Salz und Pfeffer abschmecken. Auf den Lachs streichen.

● Mithilfe der Frischhaltefolie aufrollen und mit einem scharfen Messer in Scheiben schneiden.

Tipp Die Rolle lässt sich leichter schneiden, wenn man sie vorher für eine knappe Stunde ins Tiefkühlfach legt.

Ganz einfach, aber superlecker

Kohlrabisalat

KH pro Portion 24 g
Für 2 Portionen • gelingt leicht
⊘ 10 Min.

2 kleine bis mittlere Kohlrabi •
1 Apfel • 2 EL Zitronensaft • 4 EL
saure Sahne • Salz • Pfeffer, frisch
gemahlen • Zucker

● Den Kohlrabi schälen und ein paar zarte Blätter beiseitelegen. Den Apfel schälen und das Kerngehäuse entfernen.

● Kohlrabi und Apfel auf der groben Reibe reiben. Die Raspel sofort mit Zitronensaft beträufeln. Die saure Sahne zugeben, mit Salz, Pfeffer und 1 Prise Zucker würzen und alles gut untermischen.

● Die Kohlrabiblätter fein hacken und über den Salat streuen.

Tipp Für mehr Biss 2 EL Sonnenblumenkerne in einer trockenen Pfanne anrösten und über den Salat streuen.

Ein sättigender Salat fürs Büro

Bunter Salat

KH pro Portion 7 g
Für 2 Portionen • gelingt leicht
⊘ 10 Min.

100 g Gouda • 100 g gekochter
Schinken • 1 Tomate • ½ Salatgurke • 1 Frühlingszwiebel • 3 EL
Salatmayonnaise • 1–2 TL Zitronensaft • Salz • Pfeffer, frisch gemahlen •
Paprikapulver

● Gouda und Schinken erst in Scheiben, dann in mundgerechte Stücke schneiden. Die Tomate waschen und würfeln.

● Die Gurke schälen, längs vierteln und in Scheibchen schneiden. Die Frühlingszwiebel waschen und putzen. Die grünen und weißen Teile der Frühlingszwiebel getrennt in dünne Scheibchen schneiden.

● Für das Dressing die Mayonnaise mit dem Zitronensaft mischen und mit Salz und Pfeffer abschmecken.

● Die vorbereiteten Zutaten bis auf das Zwiebelgrün mischen. Das Dressing unterrühren. Den Salat auf zwei Teller geben, mit dem Frühlingszwiebelgrün bestreuen und mit Paprikapulver bestäuben.

❯ Lachs-Frischkäse-Rolle

Schön würzig durch den Rukola

Tomaten-Carpaccio

KH pro Portion 8 g
Für 2 Portionen • preisgünstig
⊘ 10 Min.

400 g kleine Tomaten • 50 g Rukola (2 Handvoll) • 50 g Sahne • 2 EL Limettensaft • Salz • Pfeffer, frisch gemahlen • Zucker

● Die Tomaten waschen, den Stielansatz entfernen und die Tomaten anschließend in dünne Scheiben schneiden.

● Für das Dressing den Rukola waschen, trocken schütteln und putzen. Wenn nötig, harte Stielenden entfernen. Rukola, Sahne und Limettensaft mit dem Mixstab pürieren. Mit Salz, Pfeffer und 1 Prise Zucker abschmecken.

● Die Tomatenscheiben auf zwei Tellern dachziegelartig anrichten. Mit dem Dressing beträufeln.

Tipp Das Dressing ist durchaus reichlich. Der Rest lässt sich aber gut als Dip z. B. für Staudensellerie- oder Möhrensticks verwenden.

Mit dem besonderen Pfiff

Blattsalat mit Limettendressing

KH pro Portion 1 g
Für 2–3 Portionen • preisgünstig
⊘ 10 Min.

250 g gemischte Blattsalate • 1 EL Crème fraîche • 2 EL Limettensaft • 1 TL mittelscharfer Senf • 3 EL Olivenöl • 1 EL Schnittlauchröllchen • Salz • Pfeffer, frisch gemahlen • Zucker

● Den Salat waschen, gut trocken schütteln und in mundgerechte Stücke zupfen.

● Für das Dressing Crème fraîche mit Limettensaft, Senf, Olivenöl und den Schnittlauchröllchen gut verrühren. Mit Salz, Pfeffer und 1 Prise Zucker würzen.

● Den Salat mit dem Dressing vermischen und servieren.

Ein feiner Salat, lecker im Herbst

Käsesalat

KH pro Portion 12 g
Für 2 Portionen • gelingt leicht
⊘ 10 Min.

250 g Hartkäse • 2 Frühlingszwiebeln • 1 säuerlicher Apfel • 2 EL Salatmayonnaise • 3 EL Crème fraîche • 2 EL Essig • Zucker • ½ TL Senf • Salz • Pfeffer, frisch gemahlen • Salatblätter zu Servieren • 2 EL gehackte Petersilie

● Den Käse in längliche, mundgerechte Streifen schneiden. Den Apfel schälen, vierteln und das Kerngehäuse entfernen. Die Apfelviertel in Scheibchen oder Würfeln scheiden.

● Die Mayonnaise mit Crème fraîche, Essig, 1 Prise Zucker und dem Senf mischen, mit Salz und Pfeffer abschmecken.

● Die vorbereiteten Zutaten mit dem Dressing mischen. Die Salatblätter waschen, trocken schütteln und auf Salatteller legen. Den Käse darauf verteilen und mit der gehackten Petersilie bestreuen.

Variante Fruchtig wird es mit halbierten und entkernten Weintrauben oder Mandarinen.

Prima fürs Abendbrot

Kohlrabi-Möhren-Rohkost

KH pro Portion 8 g
Für 2–3 Portionen • preisgünstig
⊘ 15 Min.

200 g Möhren • 1 kleiner Kohlrabi •
2–3 Blätter Kopfsalat • 100 g Naturjoghurt • 1 EL Öl • 2 EL Zitronensaft •
1 EL frisch gehackte Kräuter • Salz •
Pfeffer, frisch gemahlen • Zucker

● Möhren und Kohlrabi schälen, den Kohlrabi vierteln. Beides in dünne Scheibchen oder Stifte schneiden. Die Salatblätter waschen, trocken schütteln und in mundgerechte Stücke zupfen.

● Für das Dressing den Joghurt mit Öl, Zitronensaft und den Kräutern vermischen. Mit Salz, Pfeffer und 1 Prise Zucker abschmecken. Die vorbereiteten Zutaten mit dem Dressing mischen und servieren.

Ein schönes Geschmackserlebnis

Räuchertofu in Zitronensahne

KH pro Portion 7 g
Für 2 Portionen • gut vorzubereiten
⊘ 15 Min.

200 g Räuchertofu • 1 Frühlingszwiebel • 1 EL Öl • 2 EL Zitronensaft •
100 g Sahne • 1 TL gekörnte Brühe •
Salz • Pfeffer, frisch gemahlen

● Den Tofu in Würfel schneiden. Die Frühlingszwiebel waschen, putzen und die weißen und die grünen Teile getrennt in feine Ringe schneiden.

● Das Öl in einer Pfanne erhitzen. Tofuwürfeln und die weißen Teile der Frühlingszwiebel darin andünsten.

● Mit Zitronensaft ablöschen und die Sahne dazugießen. Mit Brühe, Salz und Pfeffer würzen und aufkochen und etwas einkochen lassen. Das Frühlingszwiebelgrün vor dem Servieren darüberstreuen.

Das passt dazu Schmeckt prima zu gedünstetem Gemüse wie Brokkoli und Rosenkohl oder auch zu einem grünen Salat.

Fisch im feinen Sößchen

Rotbarsch in Senfsauce

KH pro Portion 5 g
Für 2 Portionen • gelingt leicht
⊘ 15 Min.

3 Rotbarschfilets (à 150 g) • Saft ½ Zitrone • 1 kleine Zwiebel • ½ EL Butter • 75 ml Weißwein (oder Gemüsebrühe) • 100 g Sahne • 2 TL Senf • Salz • Pfeffer, frisch gemahlen

● Die Fischfilets kalt abwaschen, trocken tupfen und halbieren. Mit Salz und Pfeffer würzen und mit etwas Zitronensaft beträufeln.

● Die Zwiebel abziehen und fein würfeln. Die Butter in einem flachen Topf erhitzen und die Zwiebeln darin andünsten. Den Weißwein angießen und den Fisch einlegen. Aufkochen und ca. 5 Min. bei geringer Hitze ziehen lassen.

● Den Fisch aus dem Sud nehmen und auf vorgewärmte Teller legen. Sahne und Senf in die Sauce einrühren, diese aufkochen und mit Salz, Pfeffer und Zitronensaft abschmecken.

15 Min.

Eine leckere Kombination

Tilapiafilet mit Blattspinat

KH pro Portion 6 g
Für 2 Portionen • gelingt leicht
⊘ 15 Min.

2 EL Sesamsamen • 1 kleine Zwiebel • 200 g Spinat • 2 Tilapiafilets (à ca. 150 g) • Salz • Pfeffer, frisch gemahlen • 1 EL Zitronensaft • 4 EL Olivenöl • 1 TL Zucker • Muskatnuss

● Die Sesamsamen in einer trockenen Pfanne rösten, bis sie duften. Die Zwiebel abziehen und fein würfeln. Den Spinat waschen, trocken schütteln und putzen. Den Fisch waschen und trocken tupfen, mit Salz und Pfeffer würzen und mit Zitronensaft beträufeln.

● 2 EL Öl in einem weiten Topf erhitzen und die Zwiebeln darin andünsten. Das übrige Öl in einer großen Pfanne erhitzen. Das Fischfilet darin von beiden Seiten jeweils 2–3 Min. anbraten.

● Den Zucker zu den Zwiebeln geben und unterrühren. Den Spinat zugeben und zusammenfallen lassen. Mit Salz, Pfeffer und Muskatnuss würzen. Den Sesam untermischen. Mit dem Fisch servieren.

◀ Tilapiafilet mit Blattspinat

Mit aromatischer Dillsauce

Lachs im Schinkenmantel

KH pro Portion 4 g
Für 2 Portionen • gelingt leicht
⊘ 15 Min.

400 g Lachsfilet • 8 Scheiben Frühstücksschinken • 1 kleine Zwiebel • 1 EL Öl • 100 ml Fischfond • 100 g Sahne • ½ Bund Dill • Salz • Pfeffer, frisch gemahlen • Mehl nach Belieben

● Das Lachsfilet in 8 längliche Stücke schneiden und mit je 1 Scheibe Frühstücksschinken umwickeln. Die Zwiebel abziehen und würfeln.

● Das Öl erhitzen. Die Zwiebeln darin glasig dünsten, dann beiseiteschieben. Die Lachsstücke einlegen und rundherum anbraten.

● Fischfond und Sahne angießen, aufkochen und den Fisch ca. 10 Min. gar ziehen lassen. Den Dill waschen, zupfen und die Dillspitzen fein hacken.

● Den Fisch aus der Pfanne heben. Dill in die Sauce einrühren. Die Sauce mit Salz und Pfeffer abschmecken und nach Belieben mit in etwas Wasser angerührtem Mehl andicken.

Lecker überbacken

Pizza-Schnitzel Margherita

KH pro Portion 3 g
Für 2 Portionen • gelingt leicht
⊘ 15 Min.

2 Schweineschnitzel • 1 Tomate • 1 Kugel Mozzarella (125 g) • Salz • Pfeffer, frisch gemahlen • 2 EL Olivenöl • 2 TL rotes Pesto • Basilikumblätter zum Servieren

● Die Tomaten waschen und in Scheiben schneiden, den Stielansatz dabei entfernen. Den Mozzarella in Scheiben schneiden.

● Die Schnitzel waschen, trocken tupfen, salzen und pfeffern. In heißen Olivenöl auf beiden Seiten je 2 Min. anbraten.

● Das Pesto auf die Schnitzel streichen. Die Tomaten- und Mozzarellascheiben dachziegelartig darauf schichten. Zugedeckt weitere 2–4 Min. braten, bis der Käse schmilzt. Mit den Basilikumblättern servieren.

15 Min.

Geht schnell, prima für Gäste

Kalbsschnitzel mit Kräuterkruste

KH pro Portion 11 g
Für 2 Portionen • gelingt leicht
⊘ 15 Min.

2 Kalbsschnitzel • 2 EL TK-Kräutermischung • 2 EL Parmesan • 2 EL
Semmelbrösel • 1 EL weiche Butter •
1 EL Butterschmalz • Salz • Pfeffer,
frisch gemahlen

● Die Schnitzel waschen, trocken
tupfen, salzen und pfeffern. Die
Kräuter mit Parmesan, Semmelbrösel und der Butter mischen.

● Das Butterschmalz in einer Pfanne erhitzen. Die Schnitzel auf einer
Seite ca. 2 Min. anbraten. Wenden
und die Kräutermischung darauf
verteilen. Weitere 4 Min. braten,
dabei ein paar Mal mit Bratfett
begießen.

Das passt dazu Lecker zusammen
mit einem Salat oder zum Papri-
ka-Sellerie-Gemüse (Seite 81).

Lecker mit säuerlichen Sorten

Birnen-Kompott

KH pro Portion 10 g
Für 3 Portionen • gut vorzubereiten
⊘ 15 Min.

2 Birnen (ca. 250 g) • gemahlene
Vanille • ½ Stange Zimt • 2 Nelken •
1 EL Limettensaft • flüssiger Süßstoff
nach Belieben

● Die Birnen schälen, vierteln und
das Kerngehäuse entfernen. Die
Viertel würfeln.

● 100 ml Wasser mit 1 Prise Vanille, der Zimtstange und den Nelken
aufkochen. Die Birnenwürfel zugeben und je nach Reife 5–10 Min.
köcheln lassen.

● Den Limettensaft zugeben und
das Kompott abkühlen lassen. Vor
dem Servieren Nelken und Zimt
entfernen und das Kompott nach
Belieben mit Süßstoff süßen.

Ein Herbst- und Winterdessert

Ricottacreme mit Granatapfel

KH pro Portion 18 g
Für 2 Portionen • gelingt leicht
⊘ 15 Min.

125 g Quark (20 %) • 125 g Ricotta •
50 ml Milch • 2 Spritzer flüssiger
Süßstoff • 2 TL Limettensaft • 1 Granatapfel

● Quark, Ricotta und Milch gut
verrühren. Mit Süßstoff und Limettensaft abschmecken.

● Den Granatapfel quer halbieren
und die Kerne über einer Schüssel
mit einem Kochlöffel herausklop-
fen, alle weißen Trennhäutchen
entfernen, sie sind bitter.

● Die Creme in zwei Gläser füllen
und die Granatapfelkerne darüberstreuen.

Tipp Fester wird die Creme, wenn
Sie statt Milch geschlagene Sahne
unterrühren.

❯ Kalbsschnitzel mit Kräuterkruste

15 Min.

Hübsch anzusehen

Erdbeer-Kokos-Creme

KH pro Portion 8 g
Für 3 Portionen • gut vorzubereiten
⊙ 15 Min.

250 g Erdbeeren • 2 EL Kokosraspel •
125 g Mascarpone • 125 g Magerquark • 75 ml Kokosmilch •
2 EL Kokosraspel • ½ Vanilleschote •
Süßstoff nach Belieben

● Die Erdbeeren waschen, trocken
tupfen, putzen und in Scheiben
schneiden. Die Kokosraspel in einer
trockenen Pfanne anrösten.

● Mascarpone mit Quark glatt
rühren. Kokosmilch und Kokosraspel unterrühren. Die Vanilleschote
mit einem Messer aufschlitzen und
das Mark herauskratzen. Vanille-
mark und Kokosraspel unter die
Creme rühren und mit Süßstoff
abschmecken.

● Kokoscreme und Erdbeeren
schichtweise in Gläser füllen und
servieren.

Ganz ohne Mehl

Mandel-Pfann-kuchen

KH pro Portion 12 g
Für 2 Portionen • preisgünstig
⊙ 15 Min.

100 g gemahlene Mandeln • 2 Eier •
100 ml Milch • Salz • 2 TL Butterschmalz • 2 EL geschlagene Sahne •
200 g Beeren (z. B. Erdbeeren oder
Himbeeren)

● Das Mandelmehl in eine Schüs-
sel geben. Eier, Milch und 1 Prise
Salz zugeben und alles mit dem
Schneebesen gut verrühren.

● 1 TL Butterschmalz in einer
Pfanne erhitzen. Die Hälfte des Teiges hineingeben und bei mittlerer
Hitze backen. Den Pfannkuchen
auf einen vorgewärmten Teller
geben. Den Rest des Teiges genauso
verarbeiten.

● Die Beeren waschen, verlesen
und zu den Pfannkuchen geben.
Einen Klecks Sahne daraufsetzen
und servieren.

Fruchtig-frisch mit Vitamin-C-Kick

Orangen-Lassi

KH pro Portion 17 g
Für 2 Portionen • preisgünstig
⊙ 10 Min.

300 g Joghurt • 2 Orangen • gemahlene Vanille • Kardamom • Zimt

● Den Joghurt mit 300 ml Wasser
in den Mixer geben.

● Die Orangen so schälen, dass
möglichst viel von der weißen
Schale entfernt wird. Anschließend die Filets mit einem scharfen
Messer herauslösen. Den Saft dabei
auffangen.

● Orangenfilets mit dem Saft und
je 1 Prise Vanille, Kardamom und
Zimt in den Mixer geben und alles
gründlich durchmixen.

● Auf 2 große, hohe Gläser verteilen und servieren.

Tipp Wenn's schnell gehen muss,
die Orangen einfach nur auspressen, statt sie zu filetieren.

15 Min.

◀ Erdbeer-Kokos-Creme

BIS 30 MINUTEN

Ein leuchtend grünes Süppchen

Avocadosuppe mit Forellenfilets

KH pro Portion 7 g
Für 2 Portionen • gelingt leicht
⊘ 30 Min.

1 kleine Zwiebel • 1 EL Olivenöl • 1 Avocado • 400–500 ml Gemüsebrühe • Salz • Pfeffer, frisch gemahlen • Muskatnuss • 1–2 EL Zitronensaft • 125 g geräuchertes Forellenfilet

● Die Zwiebel abziehen und fein würfeln. Das Olivenöl in einem Topf erhitzen und die Zwiebelwürfel darin glasig andünsten.

● Die Avocado halbieren, den Stein entfernen und das Fruchtfleisch herauslösen. Das Fruchtfleisch in grobe Stücke schneiden und mit 400 ml Gemüsebrühe in den Topf geben. Mit Salz, Pfeffer und Muskatnuss würzen. Alles aufkochen und 15 Min. köcheln lassen.

● Die Suppe mit dem Mixstab pürieren, bei Bedarf noch Gemüsebrühe zugeben und mit Zitronensaft abschmecken. Zusammen mit den Forellenfilets servieren.

30 Min.

Eine wärmende Suppe mit Ingwer

Möhren-Orangen-Suppe

KH pro Portion 26 g
Für 2 Portionen • preisgünstig
⊘ 30 Min.

1 kleine Zwiebel • 1 Stück Ingwer (ca. 1 cm) • 500 g Möhren • 1 EL Olivenöl • 500 ml Gemüsebrühe • 2 unbehandelte Orangen • Salz • Pfeffer, frisch gemahlen • 2 EL Crème fraîche

● Zwiebel und Ingwer schälen und fein würfeln. Die Möhren putzen, schälen und in Stücke schneiden. Das Öl erhitzen. Die Zwiebeln darin andünsten. Ingwer und Möhren dazugeben und kurz anbraten. Die Brühe angießen, alles aufkochen und ca. 15 Min. köcheln lassen.

● 1 Orange heiß abwaschen und etwas Schale abreiben. Beide Orangen halbieren und auspressen. Die Suppe mit dem Mixstab pürieren. Orangensaft zugeben und mit Salz und Pfeffer würzen. Die Suppe nochmals kurz aufkochen.

● Die Suppe auf zwei Teller verteilen. Je einen Klecks Crème fraîche daraufgeben und mit der Orangenschale bestreuen.

Tipp Ganz fein ist die Suppe mit angerösteten Kürbiskernen.

Eine sättigende Suppe

Kohlrabi-Möhren-Suppe

KH pro Portion 19 g
Für 2 Portionen • preisgünstig
⊘ 20 Min.

300 g Kohlrabi • 300 g Möhren • 1 Zwiebel • 2 EL Öl • 400 ml Gemüsebrühe • Salz • Pfeffer, frisch gemahlen • Muskatnuss • 2 EL Crème fraîche • 2 TL gehackte Petersilie

● Kohlrabi und Möhren schälen. Kohlrabi achteln, die Möhren je nach Größe der Länge nach halbieren. Beides in Scheiben scheiden. Die Zwiebel schälen und fein würfeln.

● Das Öl erhitzen und die Zwiebeln darin anschwitzen. Das Gemüse zugeben und ebenfalls kurz anbraten. Mit der Gemüsebrühe ablöschen. Alles aufkochen und 10–15 Min. köcheln lassen.

● Die Suppe mit Salz, Pfeffer und Muskatnuss pikant abschmecken und auf Teller verteilen. Je 1 EL Crème fraîche daraufgeben und mit der Petersilie bestreuen.

Variante Lecker auch mit geräuchertem Lachs.

Wärmt von innen

Scharfe Curry-suppe

KH pro Portion 4 g
Für 2–3 Portionen • preisgünstig
⊘ 20 Min.

1 Frühlingszwiebel • 1 Stück Ingwer (ca. 1 cm) • 1 EL Rapsöl • 1 TL rote Thai-Curry-Paste • 1 TL Currypulver • 400 ml Gemüsebrühe • 200 ml Kokosmilch • Salz, Pfeffer • 1 EL Zitronensaft • 2 EL Crème fraîche

● Die Frühlingszwiebel waschen, putzen und in feine Ringe scheiden. Den Ingwer schälen und fein reiben. Beides im heißen Öl andünsten.

● Curry-Paste und Currypulver zugeben und kurz anrösten. Mit Gemüsebrühe ablöschen und 5–10 Min. köcheln lassen.

● Kokosmilch zugeben, verrühren und mit Salz, Pfeffer und Zitronensaft abschmecken. Auf zwei Teller verteilen und mit einem Klecks Crème fraîche servieren.

❯ Möhren-Orangen-Suppe

Schöne Borschtsch-Variante

Rote-Bete-Suppe

KH pro Portion 21 g
Für 2 Portionen • preisgünstig
⊘ 30 Min.

1 kleine Zwiebel • 1 Rote Bete
(200 g) • 1 kleiner Apfel • 1 EL Rapsöl • 300–400 ml Gemüsebrühe •
100 g Sahne • 2 TL Meerrettich (aus
dem Glas) • 2 EL Crème fraîche

● Die Zwiebel abziehen und fein
würfeln. Rote Bete schälen. Den
Apfel schälen und das Kerngehäuse
entfernen. Apfel und Rote Bete in
grobe Würfel scheiden.

● Die Zwiebeln im heißen Öl anbraten. Rote-Bete- und Apfelwürfel
zugeben. Gemüsebrühe angießen.
Alles aufkochen und 15–20 Min.
köcheln lassen. 1 TL Rote-Bete-
-Würfel herausfischen und fein
hacken. Die übrige Suppe pürieren.
Die Sahne und den Meerrettich
unterrühren, je nach Geschmack
auch noch etwas Brühe. Nochmals
aufkochen.

● Die Suppe auf zwei Teller verteilen. Je einen Klecks Crème fraîche
daraufgeben und mit den Rote-Be-
te-Würfelchen bestreuen.

Feine Klößchen!

Suppe mit Käsenocken

KH pro Portion 12 g
Für 2 Portionen • braucht etwas
mehr Zeit
⊘ 20 Min.

50 g Gouda • 30 g Butter • 1 Ei (Größe
S) • 30–40 g Mehl • Salz • Pfeffer,
frisch gemahlen • Muskatnuss •
400 ml kräftige Gemüsebrühe •
2 EL gehackte Petersilie

● Den Käse fein reiben. Die
Butter schaumig rühren. Das Ei
unterrühren. 30 g Mehl und Käse
untermengen. Mit Salz, Pfeffer und
Muskatnuss würzen. Falls die Masse zu weich ist, noch etwas Mehl
untermischen.

● Reichlich Salzwasser aufkochen.
Mit zwei Teelöffeln Nocken abstechen und ins siedende Wasser
geben. Bei geringer Hitze 5–6 Min.
ziehen lassen. Die Gemüsebrühe
erhitzen und die Nocken hineingeben. Vor dem Servieren mit der
Petersilie betreuen.

Ein prima Herbstsüppchen

Lauchcreme-suppe

KH pro Portion 10 g
Für 2 Portionen • gelingt leicht
⊘ 25 Min.

1 Stange Lauch • 1 EL Butterschmalz •
1 TL Mehl • 400 ml Brühe • 100 g Sahne • 1 EL gehackte Petersilie

● Den Lauch waschen, in feine
Ringe schneiden und im heißen
Butterschmalz andünsten. Das
Mehl darüberstäuben und anrösten. Mit der Brühe ablöschen und
mit Salz, Pfeffer und Muskatnuss
würzen. Alles aufkochen und
10 Min. köcheln lassen.

● Die Sahne zugeben und kurz
aufkochen. Mit dem Mixstab pürieren. Vor dem Servieren mit der
gehackten Petersilie bestreuen.

Variante Eine würzige Note erhält
die Suppe, wenn mit dem Lauch
kleine Speckwürfel mit angebraten
werden.

30 Min.

◄ Rote-Bete-Suppe

Super-sättigend dank Linsen

Tomaten-Linsen-Salat

KH pro Portion 24 g
Für 2 Portionen • gut vorzubereiten
⊘ 20 Min.

75 g rote Linsen • 250 ml Gemüse-brühe • 2 Tomaten • 1 kleine Knob-lauchzehe • 1 kleine Zwiebel • 1 EL Zitronensaft • 2 EL Olivenöl • Salz • Pfeffer, frisch gemahlen • ½ Käst-chen Kresse

● Die Linsen in der Gemüsebrühe in 8–10 Min. gar kochen. Die To-maten waschen, halbieren und die Stielsätze entfernen. Die Hälften in Stücke schneiden.

● Knoblauch und Zwiebel abzie-hen und fein würfeln. Zitronensaft, Öl, Salz und Pfeffer, Zwiebel und Knoblauch zu einem Dressing vermischen.

● Die Linsen etwas abkühlen las-sen, dann samt Gemüsebrühe mit den Tomaten und dem Dressing mischen. Wenn nötig, vorher etwas Brühe abgießen. Die Kresse wa-schen, trocken schütteln, abschnei-den und über den Salat streuen.

Verfeinert mit Kräuterfrischkäse

Spargelsuppe

KH pro Portion 11 g
Für 2 Portionen • gelingt leicht
⊘ 30 Min.

600 g weißer Spargel • 2 Frühlings-zwiebeln • 1 EL Öl • 500 ml Gemü-sebrühe • 150 g Frischkäse • Salz • Pfeffer, frisch gemahlen • Muskat-nuss • 1–2 EL Zitronensaft

● Den Spargel schälen und die Enden abschneiden. Den Spargel in mundgerechte Stücke schnei-den. Die Frühlingszwiebeln putzen und die weißen und grünen Teile getrennt in feine Ringe schneiden.

● Das Öl erhitzen und die weißen Zwiebelringe darin andünsten. Die Gemüsebrühe zugeben, aufkochen, den Spargel zugeben und alles ca. 15 Min. garen.

● Den Frischkäse unterrühren. Mit Salz, Pfeffer, Muskatnuss und Zitronensaft würzen. Mit dem Frühlingszwiebelgrün bestreuen und servieren.

Knusprig-buttrige Häppchen

Hähnchenhappen in Mandelkruste

KH pro Portion 5 g
Für 2–3 Portionen • gelingt leicht
⊘ 25 Min.

1 Hähnchenbrustfilet • 2 EL Mehl • Salz • Pfeffer, frisch gemahlen • Paprikapulver • 1 Ei (Größe L) • 200 g gehobelte Mandeln • 50–70 g But-terschmalz

● Das Hähnchenbrustfilet waschen und trocken tupfen. Fleisch in mundgerechte Happen schneiden. Das Mehl mit Salz, Pfeffer und Paprikapulver mischen und in einen tiefen Teller geben. Das Ei in einem weiteren Teller verquirlen. Die Mandeln grob hacken und auf einen dritten Teller geben.

● Die Fleischstücke zuerst im Mehl, dann im Ei und zuletzt in den Mandeln wenden.

● Das Butterschmalz erhitzen und die Hähnchenstücke darin rundhe-rum goldbraun anbraten.

❯❯ Tomaten-Linsen-Salat

Ein cremig-feiner Salat mit Hähnchen und Eiern

Geflügelsalat

KH pro Portion 4 g
Für 2 Portionen • gut vorzubereiten
⊙ 25 Min.

2 Eier • 1 Hähnchenbrustfilet (ca. 350 g) • 1 EL Olivenöl •
2 Frühlingszwiebeln • 2 Gewürzgurken • 2 Zweige Oregano • 1 EL Salatmayonnaise • 1 EL Crème fraîche • Salz •
Pfeffer, frisch gemahlen • Paprikapulver

● Die Eier 10 Min. lang hart kochen. Anschließend
abschrecken und abkühlen lassen. Das Hähnchenfleisch
kalt abspülen und trocken tupfen. In Scheibchen schneiden. Das Öl erhitzen und das Fleisch darin anbraten.
Anschließend herausnehmen und abkühlen lassen.

● Die Frühlingszwiebeln waschen, putzen und in feine
Ringe schneiden. Die Gurken klein würfeln. Die Eier
pellen und in Würfel schneiden. Den Oregano waschen,
trocken schütteln und die Blättchen abzupfen.

● Mayonnaise, Crème fraîche und Oregano verrühren
und mit Salz, Pfeffer und Paprikapulver abschmecken.
Fleisch, Frühlingszwiebeln und Gurken in eine Schüssel
geben und das Dressing unterrühren.

Tipp Für diesen Salat lassen sich auch gut Reste von einem Grillhähnchen verwerten. Dazu das Fleisch einfach
klein schneiden und mit den restlichen Zutaten (außer
dem Öl) vermischen.

Eine ungewöhnliche Zubereitung für Salat

Warmer Feldsalat mit kaltem Braten

KH pro Portion 11 g
Für 2 Portionen • gelingt leicht
⊙ 20 Min.

Für das Dressing
2 EL Essig • Zucker • Salz • 1 TL Senf • 2 EL Olivenöl •
Pfeffer

Für den Salat/den Braten
200 g Feldsalat • 150 g kalter Braten in Scheiben (z. B.
vom Schwein oder von der Pute) • 1 Schalotte • 1 reife
Birne • 1 EL Olivenöl • Salz • Pfeffer, frisch gemahlen

● Aus Essig, etwas Zucker und Salz, Senf und Olivenöl
ein Dressing rühren. Dieses nach Belieben mit ein
wenig Wasser verdünnen und mit Salz und Pfeffer
abschmecken.

● Den Feldsalat waschen, putzen und gut abtropfen
lassen. Die Bratenscheiben auf zwei Tellern auslegen.
Die Schalotte abziehen, halbieren und in feine Halbringe
schneiden. Die Birne waschen, vierteln, vom Kerngehäuse befreien und quer in Scheibchen schneiden.

● Birne und Schalotten in einer großen Pfanne im
Olivenöl kurz anbraten. Den Feldsalat dazugeben und
1–2 Min. unter Wenden mitbraten, dabei mit Salz und
Pfeffer würzen und anschließend sofort auf die Bratenscheiben geben. Löffelweise das Dressing darübergeben.

Tipp Für besondere Anlässe können Sie statt des Bratens
hauchdünn aufgeschnittenes rohes Rinderfilet nehmen
(wie man es für Carpaccio verwendet). Das gibt's inzwischen schon beim Discounter. Bereiten Sie dann das
Dressing mit 1 TL Pesto statt Senf zu.

Ein herrlicher Frühlingssalat

Spargel-Erdbeer-Salat

KH pro Portion 24 g
Für 2 Portionen • gelingt leicht
⊘ 30 Min.

500 g weißer Spargel • 500 g grüner Spargel • Salz • 2 EL Pinienkerne • 300 g Erdbeeren • 3 EL weißer Balsamicoessig • Pfeffer • Zucker • 5 EL Olivenöl

● Den Spargel waschen. Die unteren Enden des Spargels abschneiden. Den weißen Spargel schälen. Den grünen nur im unteren Drittel schälen. Beide Spargelsorten getrennt voneinander in mundgerechte Stücke schneiden.

● In kochendem Salzwasser zunächst die weißen Spargelstücke 6–7 Min. garen, dann den grünen Spargel zugeben und weitere 6–7 Min. garen. Anschließend den Spargel mit einem Schaumlöffel herausnehmen und abkühlen lassen.

● Die Pinienkerne in einer trockenen Pfanne anrösten, bis sie duften. Die Erdbeeren waschen, trocken tupfen, putzen und je nach Größe halbieren oder vierteln.

● Den Balsamico mit Salz, Pfeffer und 1 Prise Zucker verrühren, dann das Olivenöl untermischen. Den Spargel mit den Erdbeeren auf Tellern anrichten und mit dem Dressing übergießen. Mit den Pinienkernen bestreut servieren.

Tipp Das Spargelkochwasser können Sie für die Spargelsuppe (Seite 70) verwenden.

Ein leckeres Ragout in sämiger Sauce

Eier-Blumenkohl-Ragout

KH pro Portion 22 g
Für 2 Portionen • preisgünstig
⊘ 30 Min.

1 kleiner Kopf Blumenkohl • Salz • 4 Eier • 1 Stange Lauch • 2 Möhren • 1 kleine Zwiebel • ½ Bund Petersilie • 1 EL Öl • 2 EL Crème fraîche • Pfeffer

● Den Blumenkohl putzen, waschen und in Röschen teilen. Blumenkohl in kochendem Salzwasser 10–15 Min. gar kochen. Inzwischen die Eier in kochendem Wasser 8 Min. wachsweich kochen.

● Den Lauch waschen, putzen und schräg in ½ cm dicke Ringe schneiden. Die Möhren schälen und mit einem Sparschäler in Streifen schneiden. Die Zwiebeln abziehen und fein würfeln. Petersilie waschen und trocken schütteln, die Blättchen abzupfen und hacken.

● Das Öl erhitzen und die Zwiebeln darin andünsten. Lauch und Möhren zugeben und ebenfalls anbraten.

● Die Eier abgießen, abschrecken, pellen und in mundgerechte Stücke schneiden. Den Blumenkohl ebenfalls abgießen, dabei 100 ml Brühe auffangen. Eier, Blumenkohl und die Brühe zum Lauch-Möhren-Gemüse geben und untermischen.

● Crème fraîche und Petersilie ebenfalls unterrühren. Mit Salz und Pfeffer würzen und servieren.

30 Min.

Avocado einmal aus dem Ofen

Avocado mit Ei

KH pro Portion 5 g
Für 2 Portionen • exotische Zutaten
⏱ 5 Min. + 25 Min. Backzeit

1 reife Avocado • 2 Eier (Größe M) • Salz • Pfeffer, frisch gemahlen

● Den Backofen auf 200 Grad (Umluft 180 Grad) vorheizen. Die Avocado halbieren und den Kern entfernen. Mit einem Löffel etwas Fruchtfleisch entfernen, sodass die Mulde etwas größer wird.

● Die Eier aufschlagen und jeweils in eine Hälfte gleiten lassen. Im vorgeheizten Ofen auf der mittleren Schiene 20–25 Min. backen. Mit Salz und Pfeffer würzen.

Variante Lecker schmeckt das Gericht, wenn Sie eine Handvoll gewürfelten Speck anbraten und vor dem Servieren auf das Ei geben.

Tipp Damit die Schnittflächen der Avocadohälften waagerecht bleiben, die Avocados entweder in die Mulden eines Muffinblechs legen. Oder aus Backpapier/Alufolie einen Ring formen und die Hälften hineinlegen.

Ei und Spinat gehören zusammen

Spinatrolle

KH pro Portion 5 g
Für 2 Portionen • preisgünstig
⏱ 20 Min.

1 kleine Zwiebel • 1 Knoblauchzehe • 50 g Gouda • ½ EL Öl • 300 g TK-Spinat • 4 Eier • 2 TL Butter • Salz • Pfeffer, frisch gemahlen • Muskatnuss

● Zwiebel und Knoblauch abziehen und fein würfeln. Den Käse grob reiben. Zwiebeln und Knoblauch im heißen Öl andünsten. Den Spinat mit etwas Wasser zugeben und zugedeckt auftauen lassen.

● Die Eier verquirlen und mit Salz und Pfeffer würzen. 1 TL Butter in einer Pfanne erhitzen. Die Hälfte der Eiermasse hineingeben, in der Pfanne verteilen und stocken lassen. Den Eierkuchen auf einen vorgewärmten Teller geben und in der übrigen Butter einen zweiten Eierkuchen backen.

● Den Spinat mit Salz, Pfeffer und Muskat würzen. In die Mitte auf den Eierkuchen verteilen und zu einem Streifen verteilen, mit dem Käse bestreuen. Die seitlichen Teile des Eierkuchen darüberklappen und servieren.

Aufgespießt doppelt lecker

Tofu-Tomaten-Spieße

KH pro Portion 11 g
Für 2 Portionen • gut vorzubereiten
⏱ 20 Min.

Für die Spieße
200 Tofu • 1 EL Sesamöl • 1 EL Sojasauce • 1 EL Limettensaft • 1 Msp. Sambal oelek • 1 kleine Knoblauchzehe • 12 Kirschtomaten • 1 Eiweiß • 2–3 EL Sesamsamen • 2 EL Rapsöl
Für den Joghurt-Dip
1 Knoblauchzehe • 150 g Naturjoghurt • 1 TL Petersilie, frisch gehackt • 1 TL Schnittlauchröllchen • Salz • Pfeffer, frisch gemahlen • Zucker • Außerdem: 6 Holzspieße

● Den Tofu in 18 gleich große Würfel schneiden. Sesamöl, Sojasauce, Limettensaft und Sambal oelek mischen. Den Knoblauch dazupressen. Die Tofuwürfel in der Marinade wenden und 30 Min. ziehen lassen.

● Für den Dip den Knoblauch zum Joghurt pressen. Die Kräuter unterrühren. Mit Salz, Pfeffer und 1 Prise Zucker abschmecken.

● Tomaten waschen. Abwechselnd Tofuwürfel und Tomaten auf die Spieße stecken. Diese im verschlagenen Eiweiß und Sesam wenden. Im heißen Öl rundum ca. 2 Min. braten. Mit Dip servieren.

30 Min.

Low Carb asiatisch

Gebratenes Gemüse mit frittiertem Tempeh

KH pro Portion 22 g
Für 2 Portionen • exotische Zutaten
⊘ 30 Min.

Für den Tempeh
200 g Tempeh • Öl • 1 Zwiebel • 1 Knoblauchzehe • 1 TL rote Thai-Curry-Paste • 4 EL Ketjab Manis • Zucker • Salz

Für das gebratene Gemüse
2 kleine Zwiebeln • 1 gelbe Paprikaschote • 100 g TK-Bohnen • 1 Möhre • 2 EL Öl • 100 g Maiskölbchen (aus dem Glas) • ½ EL rote Thai-Curry-Paste (aus dem Glas) • 2 EL Sojasauce • Salz • Zucker

● Den Tempeh in dünne Scheiben schneiden. Das Öl erhitzen und die Tempehscheiben portionsweise darin goldgelb frittieren.

● Zwiebel und Knoblauch abziehen und fein würfeln. In 1 EL Öl andünsten. Die Curry-Paste zugeben und kurz anrösten. Mit Ketjab Manis ablöschen und mit Salz und 1 Prise Zucker abschmecken. Die Sauce warm halten.

● Für das Gemüse die Zwiebeln abziehen und jeweils in Viertel schneiden. Die Paprika waschen, putzen und in Streifen schneiden. Die Bohnen in der Mikrowelle auftauen. Die Möhre schälen, putzen, erst in Stücke, dann in Streifen schneiden.

● Die Zwiebeln im Öl dünsten. Möhren zugeben und anbraten. Paprika und Bohnen zugeben und ebenfalls anbraten. Die Maiskölbchen und die Curry-Paste zugeben und kurz anbraten. Mit Sojasauce, Salz und 1 Prise Zucker abschmecken und noch 2–3 Min. braten. Das Gemüse mit den Tempehscheiben servieren.

Buntes Gemüse und herzhafter Tofu

Mangoldpfanne mit Räuchertofu

KH pro Portion 7 g
Für 2–3 Portionen • gelingt leicht
⊘ 25 Min.

250 g Mangoldblätter • 1 gelbe Zucchini • 1 rote Paprikaschote • 1 kleine Zwiebel • 1 Knoblauchzehe • 3 EL Rapsöl • 50 ml Weißwein • 1 TL gekörnte Gemüsebrühe • 2 EL Sojasauce • 1 TL Kurkuma • Salz • Pfeffer, frisch gemahlen • 200 g Räuchertofu

● Den Mangold waschen und putzen. Die Stiele von den Blättern schneiden. Die Blätter längs halbieren und in 1–2 cm lange Streifen schneiden, die Stiele in dünne Scheibchen oder Querstreifen schneiden.

● Zucchini und Paprika waschen und putzen. Zucchini längs halbieren und in Scheiben schneiden. Die Paprika vierteln und in Streifen scheiden. Zwiebel und Knoblauch abziehen und fein würfeln.

● Zwiebel und Knoblauch in 2 EL Öl andünsten. Die Mangoldstiele zugeben und 5 Min. dünsten. Das übrige Gemüse zugeben. Weißwein angießen und mit Gemüsebrühe, Sojasauce, Salz und Pfeffer würzen. Alles unterrühren und 5 Min. garen.

● In der Zwischenzeit den Räuchertofu in Würfel schneiden und im übrigen Öl rundherum anbraten. Das Mangoldgemüse zusammen mit dem Tofu servieren.

Variante Statt Kurkuma können Sie auch mit Currypulver und mit einem Schuss Sahne abschmecken.

30 Min.

Ballaststoffreiches Sojafleisch

Chili con Soja

KH pro Portion 19 g
Für 2 Portionen • gut vorzubereiten
⊘ 25 Min.

30 g Sojaschnetzel • 75 ml Gemüsebrühe • 1 Zwiebel • 1 Knoblauchzehe • 1 Paprikaschote • 1 Chilischote •
2–3 EL Olivenöl • 1 kleine Dose
stückige Tomaten (400 g) • Salz •
Pfeffer, frisch gemahlen • Cayennepfeffer • 1 kleine Dose Kidneybohnen
(265 g)

● Die Sojaschnetzel mit der heißen
Gemüsebrühe übergießen und ziehen lassen. Zwiebel und Knoblauch
abziehen und fein würfeln. Die
Paprikaschote und die Chilischote
waschen, putzen, entkernen und in
Streifen schneiden.

● Die Sojaschnetzel in 2 EL
Olivenöl anbraten. Zwiebeln und
Knoblauch zugeben und ebenfalls
anbraten. Wenn nötig, etwas Öl
zugeben.

● Die Tomaten zugeben, mit Salz,
Pfeffer und Cayennepfeffer würzen
und alles aufkochen. 5–10 Min.
köcheln lassen. Zuletzt die Kidneybohnen zugeben und erhitzen.

Passt prima zu Grillfleisch

Mediterranes Sommergemüse

KH pro Portion 9 g
Für 2 Portionen • gelingt leicht
⊘ 20 Min.

2 Frühlingszwiebeln • 1 Knoblauchzehe • 1 kleine Aubergine (250 g) •
1 Zucchini (200 g) • 2 Champignons •
3 EL Olivenöl • ½ Dose stückige
Tomaten (200 g) • 1 TL getrocknete
italienische Kräuter • Salz • Pfeffer,
frisch gemahlen • etwas Gemüsebrühe (nach Belieben)

● Die Frühlingszwiebel waschen,
putzen und weiße und grüne Teile
getrennt in dünne Ringe schneiden. Den Knoblauch abziehen und
fein würfeln.

● Aubergine und Zucchini waschen und putzen. Champignons
abreiben. Alles in ½ cm große
Würfel schneiden.

● Das Olivenöl in einer Pfanne
erhitzen. Weiße Frühlingszwiebeln
und Knoblauch darin andünsten.
Gemüsewürfel zugeben und anbraten. Tomaten und Kräuter zugeben,
mit Salz und Pfeffer würzen und
5 Min. schmoren lassen. Wem es
zu trocken ist, gibt noch etwas Gemüsebrühe zu. Zuletzt das Zwiebelgrün unterheben.

Ein herrliches Herbstgemüse

Mangoldgemüse

KH pro Portion 9 g
Für 2 Portionen • preisgünstig
⊘ 20 Min.

½ Mangoldstaude (400 g) • 1 kleine
Zwiebel • 1 Knoblauchzehe • 2 EL Oli-
venöl • 50 ml Gemüsebrühe • 50 ml
Weißwein (alternativ Gemüsebrü-
he) • Salz • Pfeffer, frisch gemahlen •
Muskatnuss

● Den Mangold waschen und
putzen. Die Blätter von den Stielen
zupfen oder schneiden und in 1 cm
breite Streifen schneiden. Die Stiele in Scheibchen oder Querstreifen
schneiden.

● Zwiebel und Knoblauch abziehen
und fein würfeln. Im heißen Olivenöl anbraten. Die Mangoldstiele
zugeben und 5 Min. andünsten.

● Mangoldblätter zugeben. Gemüsebrühe und Weißwein angießen.
Alles mit Salz, Pfeffer und Muskatnuss würzen und zugedeckt
5–10 Min. garen.

Das passt dazu Dazu schmecken
im Gemüse mitgegarte oder in der
Pfanne gebratene grobe Mett-
würstchen.

❥ Chili con Soja

Schmeckt warm und kalt

Paprika-Sellerie-Gemüse

KH pro Portion 9 g
Für 2 Portionen • preisgünstig
⊘ 30 Min.

400 g Paprikaschoten • 200 g Staudensellerie • 1 Schalotte • 2 Stängel Thymian (oder ½ TL getrockneter Thymian) • 2 EL Butter • 2 EL Weißwein • Salz • Pfeffer, frisch gemahlen

● Die Paprika waschen, vierteln, putzen und in Streifen schneiden. Den Staudensellerie waschen, putzen und schräg in 1 cm breite Stücke schneiden. Die Schalotte abziehen und fein würfeln. Den Thymian waschen, trocken schütteln und die Blättchen abzupfen.

● Die Butter erhitzen und die Schalotten darin andünsten. Staudensellerie zugeben und ein paar Minuten andünsten. Paprika und Thymian zugeben. Mit Weißwein ablöschen und alles zugedeckt 15 Min. dünsten.

◄◄ Zander mit Fenchel-Tomaten-Salsa

Lässt sich prima vorbereiten

Heilbutt-Zucchini-Auflauf

KH pro Portion 4 g
Für 2 Portionen • gelingt leicht
⊘ 10 Min. + 15 Min. Garzeit

300 g Heilbuttfilet • 1 TL Zitronensaft • Salz • Pfeffer, frisch gemahlen • 1 Knoblauchzehe • 1 Zucchini (200 g) • ½ Bund Petersilie • 50 g Sahne • 50 ml Weißwein (alternativ Gemüsebrühe) • Fett für die Form • Außerdem: Auflaufform mit Deckel

● Den Backofen auf 200 Grad (180 Grad Umluft) vorheizen. Heilbutt waschen, trocken tupfen und wenn nötig Gräten entfernen. Mit Zitronensaft beträufeln und mit Salz und Pfeffer würzen. In eine gefettete Auflaufform legen.

● Den Knoblauch abziehen und dazupressen. Die Zucchini waschen, putzen und in Scheiben schneiden. Dachziegelartig auf dem Fisch verteilen.

● Die Petersilie waschen, zupfen und hacken. Mit Sahne und Weißwein mischen und über die Zucchinischeiben geben. Im Ofen (Mitte) zugedeckt 15 Min. garen.

Fisch und Fenchel passen gut

Zander mit Fenchel-Salsa

KH pro Portion 9 g
Für 2 Portionen • gelingt leicht
⊘ 20 Min.

1 kleine Fenchelknolle • 2 Tomaten • 1 Schalotte • 1 EL Olivenöl • Salz • Pfeffer, frisch gemahlen • ½ TL Chilipulver • 4 Stängel Petersilie • 2 Zanderfilets mit Haut (je ca. 200 g oder andere Fischfilets mit Haut) • 1 EL Butter

● Den Fenchel waschen, putzen, halbieren und den Strunk entfernen. Die Tomaten über Kreuz einritzen, heiß überbrühen und häuten. Den Stielansatz entfernen. Die Schalotte abziehen. Fenchel, Tomaten und Schalotte getrennt in kleine Würfel schneiden.

● Das Öl erhitzen und die Zwiebeln darin andünsten. Fenchel zugeben und ca. 5 Min. dünsten. Die Tomaten zugeben und erhitzen. Mit Salz, Pfeffer und Chilipulver würzen und warm stellen.

● Die Butter erhitzen und den Fisch darin auf der Hautseite 4 Min. braten. Salzen, pfeffern und wenden – noch 2 Min. braten. Mit der Salsa servieren.

30 Min.

Ein Klassiker!

Miesmuscheln im Weinsud

KH pro Portion 15 g
Für 2 Portionen • gelingt leicht
⊘ 30 Min.

1,5 kg Miesmuscheln • 1 Zwiebel •
1 Knoblauchzehe • 1 Stange Staudensellerie • 1 Möhre • 1 EL Olivenöl •
250 ml trockener Weißwein • 2 EL
gehackte Petersilie • 1 TL Pfefferkör-
ner • 1 Lorbeerblatt

● Die Muscheln unter kaltem
Wasser abbürsten und die Bärte
entfernen. Geöffnete Muscheln
wegwerfen. Zwiebel und Knoblauch abziehen und fein würfeln.
Staudensellerie waschen, putzen
und fein schneiden. Die Möhre
schälen und in Streifen schneiden.

● Das Öl in einem großen Topf
erhitzen. Zwiebel und Knoblauch
darin andünsten. Sellerie und
Möhren kurz mitdünsten.

● Den Wein angießen, Pfefferkör-
ner, Lorbeerblatt und die Petersilie zugeben und aufkochen. Die
Muscheln zugeben und zugedeckt
bei starker Hitze 5–10 Min. garen,
den Topf dabei ab und zu rütteln.
Geschlossene Muscheln entfernen,
die übrigen im Sud servieren.

Schnell gemacht und superlecker

Paprika-Fisch-Ragout

KH pro Portion 13 g
Für 2 Portionen • gelingt leicht
⊘ 20 Min.

400 g TK-Fischfilet (z. B. Seelachs
oder Kabeljau) • 1 Zwiebel • 1 Knoblauchzehe • 3 Paprikaschoten •
1 EL Öl • 125 ml Gemüsebrühe • ½ TL
getrockneter Thymian • Salz • Pfeffer,
frisch gemahlen • ½ TL Paprikapulver • 2 EL Tomatenmark • 125 ml
Rotwein • 1 EL Stärke

● Den Fisch antauen lassen. Zwiebel und Knoblauch abziehen und
fein würfeln. Die Paprikaschote
putzen und in Streifen scheiden.
Das Öl erhitzen und Zwiebel und
Knoblauch andünsten. Paprika
zugeben und 2–3 Min. dünsten.

● Den Fisch in mundgerechte
Würfel schneiden. Mit der Gemüsebrühe und dem Thymian in
die Pfanne geben. Mit Salz, Pfeffer
und Paprikapulver würzen. Alles
aufkochen lassen und 5–10 Min.
bei mittlerer Hitze garen.

● Tomatenmark und Rotwein
unterrühren. Die Stärke mit etwas
Wasser verrühren und ebenfalls
unterrühren. Kurz aufkochen
lassen und mit Salz und Pfeffer
abschmecken.

Ganz einfach und einfach gut

Gebratene Forelle mit Pfifferlingen

KH pro Portion 2 g
Für 2 Portionen • gelingt leicht
⊘ 25 Min.

300 g Pfifferlinge • 1 Schalotte •
2 ausgenommene Forellen • Salz •
Pfeffer, frisch gemahlen • Mehl zum
Bestäuben • 4 EL Butter • 1 Zitrone

● Die Pfifferlinge putzen. Die Schalotte abziehen und fein würfeln.
Die Forellen waschen und trocken
tupfen. Innen und außen salzen
und pfeffern, außen mit Mehl
dünn bestäuben. 2 EL Butter in
einer großen Pfanne erhitzen. Die
Forellen darin auf beiden Seiten je
4–5 Min. braten.

● Die übrige Butter in einer
mittleren Pfanne erhitzen und die
Pfifferlinge ca. 4 Min. braten. Die
Schalotten zugeben und andünsten. Die Hälfte der Zitrone in Spal-
ten schneiden. Die übrige Zitrone
andrücken und damit und mit Salz
die Pfifferlinge würzen.

● Die Forellen mit den Pfifferlingen und den Zitronenspalten
anrichten.

❯ Gebratene Forelle mit
Pfifferlingen

Eignet sich auch gut zum Grillen

Gefüllte Putenbrust

KH pro Portion 1 g
Für 2 Portionen • gut vorzubereiten
⊘ 20 Min.

400 g Putenbrust • ½ Kugel Mozzarella (ca. 60 g) • 2 Tomatenscheiben • 6 große Basilikumblätter • Salz und Pfeffer nach Belieben • 2 EL Olivenöl • Außerdem: 2 Zahnstocher

● Die Putenbrust waschen und trocken tupfen. Das Fleisch erst quer halbieren, dann mit einem scharfen Messer vorsichtig jeweils eine Tasche hineinschneiden.

● Den Mozzarella in Scheiben scheiden. Das Fleisch jeweils mit Tomaten, Mozzarella und Basilikum füllen. Die Taschen mit dem Zahnstocher verschließen.

● Das Olivenöl in einer Pfanne erhitzen. Das Putenfleisch rundherum mit Salz und Pfeffer würzen. Im Öl auf beiden Seiten ca. 5–6 Min. braten.

Das passt dazu Zur Putenbrust passt ein sommerlicher Salat.

◆ Gefüllte Putenbrust

Ganz fein mit Paprika

Entengeschnetzeltes

KH pro Portion 6 g
Für 2 Portionen • gelingt leicht
⊘ 25 Min.

1 Entenbrust mit Haut (ca. 350 g) • 2 Frühlingszwiebeln • 1 Knoblauchzehe • 2 Paprikaschoten • 1 EL Öl • 50 ml Gemüsebrühe • Salz • Pfeffer, frisch gemahlen • 2 EL Crème fraîche • 2 EL gehackte Petersilie

● Die Entenbrust waschen und mit Küchenpapier trocken tupfen. Die Haut entfernen und das Fleisch in dünne Streifen schneiden. Die Entenhaut in einer heißen Pfanne auslassen und herausnehmen.

● Die Frühlingszwiebeln putzen und in Ringe schneiden. Den Knoblauch abziehen und fein würfeln. Die Paprikaschoten waschen, putzen, vierteln und in Streifen schneiden. Das Fleisch im Entenfett von beiden Seiten anbraten. Herausnehmen.

● Frühlingszwiebeln und Knoblauch im Öl andünsten. Die Paprika 3 Min. mitbraten. Mit der Brühe ablöschen, mit Salz und Pfeffer würzen. Crème fraîche und die Entenstreifen zugeben. Kurz erwärmen, mit Petersilie bestreut servieren.

Schön herzhaft

Kassler mit Jaromagemüse

KH pro Portion 17 g
Für 2 Portionen • gelingt leicht
⊘ 20 Min.

½ Jaromakohl (500 g) • 1 Möhre (100 g) • 3 EL Olivenöl • 50 ml kräftige Gemüsebrühe • 1 TL Kümmel • Salz • Pfeffer, frisch gemahlen • 2 Scheiben Kasseler-Fleisch

● Den Jaromakohl vom Strunk befreien, den Kohl halbieren und in dünne Streifen schneiden. Die Möhre schälen und ebenfalls in dünne Streifen schneiden.

● 2 EL Öl erhitzen. Kohl und Möhren darin andünsten. Mit der Gemüsebrühe ablöschen und mit Kümmel, Salz und Pfeffer würzen. 10 Min. zugedeckt garen.

● In der Zwischenzeit das übrige Öl erhitzen und das Kassler von beiden Seiten anbraten. Das Fleisch in den letzten 5 Min. zum Kohl geben und erhitzen.

30 Min.

Würzige Klopse in sahniger Sauce

Gefüllte Hackbällchen mit Zwiebelgemüse

KH pro Portion 8 g
Für 2 Portionen • gut vorzubereiten
⊘ 30 Min.

Für die Hackbällchen
½ Zwiebel • 1 Knoblauchzehe • 250 g Hackfleisch • 1 kleines Ei (Größe S) • 1 EL Semmelbrösel • Salz • Pfeffer, frisch gemahlen • Paprikapulver • 75 g Feta • 2 EL Olivenöl

Für das Zwiebelgemüse
2 große Zwiebeln • 1 EL Olivenöl • 125 ml Fleischbrühe • 50 g Sahne • Salz • Pfeffer, frisch gemahlen • Paprikapulver

● Zwiebel und Knoblauch abziehen und fein würfeln. Mit Hackfleisch, Ei, Semmelbrösel, Salz, Pfeffer und Paprikapulver gut mischen. Wenn nötig, noch etwas Semmelbrösel zugeben.

● Den Feta in 12 Stücke schneiden. Mit einem Esslöffel etwas Hackfleischmasse abstechen und in der Hand flachdrücken. 1 Fetastückchen darauflegen und die Fleischmasse verschließen. Mit der übrigen Masse genauso verfahren. Das Öl in einer Pfanne erhitzen und die Bällchen in ca. 10 Min. rundherum anbraten.

● Die Zwiebeln abziehen, halbieren und in Scheiben schneiden. Die Bällchen aus der Pfanne nehmen. Das Öl für die Zwiebeln darin erhitzen. Die Zwiebeln zugeben und anbraten. Mit der Gemüsebrühe ablöschen. Die Zwiebeln weiterköcheln lassen, bis die Flüssigkeit fast eingekocht ist.

● Die Sahne unterrühren. Mit Salz, Pfeffer und Paprikapulver abschmecken. Die Fleischbällchen zugeben und erwärmen.

Prima auch für Kinder

Apfelsüppchen mit Schaumnocken

KH pro Portion 31 g
Für 2 Portionen • preisgünstig
⊘ 25 Min.

2 Äpfel (ca. 300 g) • 100 ml Weißwein • 1 EL Zitronensaft • Süßstoff nach Belieben • 1 Eiweiß • Salz • ¼ TL Zimtpulver

● Für die Apfelsuppe die Äpfel vierteln, entkernen und in grobe Stücke schneiden. Den Wein, 100 ml Wasser und Zitronensaft aufkochen. Die Apfelstücke in den Sud geben und bei halb geöffnetem Deckel 10–15 Min. weich kochen.

● In der Zwischenzeit das Eiweiß mit 1 Prise Salz steif schlagen. Wasser mit etwas Süßstoff aufkochen. Mit einem Teelöffel Nocken abstechen und die Nocken im Wasser 5 Min. bei geringer Hitze zugedeckt ziehen lassen.

● Äpfel mit dem Mixstab pürieren, mit Süßstoff und Zimt abschmecken und auf 2 Teller verteilen. Die Schaumnocken daraufgeben.

Variante Die Schaumklößchen werden in diesem Rezept ganz ohne Zucker zubereitet, damit sind sie allerdings etwas schwer in Form zu bringen. Standfester und leichter zu schönen Klößchen formbar wird der Eischnee, wenn Sie ihn mit ein wenig Zucker aufschlagen. 2 gestr. Esslöffel bringen 8 g Kohlenhydrate mehr in dieses Gericht.

❯ Gefüllte Hackbällchen mit Zwiebelgemüse

Prima auch für Gäste

Orangen-Lasagne

KH pro Portion 8 g
Für 4 Portionen • preisgünstig
⊘ 25 Min.

125 g Mascarpone • 125 g Magerquark • 100 ml frisch gepresster
Orangensaft • 2 Spritzer flüssiger
Süßstoff • 100 g Sahne • 2 unbehandelte Orangen

● Mascarpone, Magerquark,
Orangensaft und Süßstoff verrühren. Die Sahne steif schlagen und
unterrühren.

● Die Orangen heiß waschen und
trocken reiben. Mit einem Zesten-
reißer Schalenstreifen abziehen.
Alternativ etwas Schale mit der
feinen Reibe abreiben. Die Orangen
bis aufs Fruchtfleisch schälen, wie
einen Apfel halbieren und in dünne
Scheiben schneiden.

● Abwechselnd Creme und Oran-
genscheiben in zwei flache Schälchen schichten, mit der Creme
abschließen. Mit den Orangenzes-
ten garnieren.

Ganz einfach

Marinierte Heidelbeeren

KH pro Portion 9 g
Für 2 Portionen • gut vorzubereiten
⊘ 5 Min. + 20 Min. Marinierzeit

200 g Heidelbeeren • 2 EL Orangensaft • 2 EL Limettensaft • etwas
abgeriebene Schale von 1 unbehandelten Orange • flüssiger Süßstoff
nach Belieben • 50 g Sahne

● Die Heidelbeeren waschen
und verlesen. Mit Orangen- und
Limettensaft mischen. Mit Süßstoff
nach Belieben abschmecken, die
Orangeschale untermischen und
anschließend 20 Min. im Kühlschrank ziehen lassen.

● Die Sahne mit etwas Süßstoff
steif schlagen. Die Heidelbeeren
auf zwei Schälchen verteilen und
einen Klecks Sahne daraufgeben.

Variante Verfeinern lässt das Dessert mit einem Schuss Orangelikör.

Low-Carb-Brotaufstrich

Erdbeer-marmelade

KH pro Glas 7 g
Für 4 Gläser à 200 ml • gelingt leicht
⊘ 25 Min.

500 g Erdbeeren • 5 ml flüssiger
Süßstoff • 2 EL Zitronensaft • 1 Päck-
chen Geliermittel (16 g) • Gläser mit
Schraubdeckel

● Die Erdbeeren waschen, trocken
tupfen und putzen. Erdbeeren in
einen Topf geben und mit dem
Mixstab pürieren.

● Süßstoff und Zitronensaft zugeben und unterrühren. Das Geliermittel gründlich untermischen.

● Die Erdbeeren unter Rühren
aufkochen und 3–4 Min. gemäß
Packungsanleitung sprudelnd
köcheln lassen. In saubere Gläser
abfüllen, mit dem Deckel verschließen und 5 Min. auf den Kopf
stellen.

30 Min.

◂◂ Orangen-Lasagne

Eine luftige Vorspeise

Käsesoufflé

KH pro Portion 15 g
Für 2 Portionen • preisgünstig
⊘ 15 Min. + 30 Min. Backzeit

100 g Greyerzer Käse (oder ein anderer Hartkäse) • 30 g Butter + Butter für die Form • 2 EL Mehl • 125 ml Milch • 2 Eier • Salz • Pfeffer, frisch gemahlen • Muskatnuss • Außerdem: 2 Souffléförmchen

● Den Käse fein reiben. Die Butter in einem Topf schmelzen und das Mehl darin anschwitzen. Die Milch mit einem Schneebesen langsam unterrühren. Unter Rühren erhitzen, bis die Masse dickflüssig ist. Abkühlen lassen.

● Den Backofen auf 160 Grad (Ober-/Unterhitze, Umluft ist nicht geeignet) vorheizen. Die Eier trennen und das Eiweiß steif schlafen. Die Eier unter die Milchmasse rühren. Dann den geriebenen Käse unterrühren. Mit Salz, Pfeffer und Muskatnuss würzen. Den Eischnee unterheben.

● Die Förmchen am Boden einfetten. Die Soufflémasse hineingeben und im Ofen (Mitte) 25–30 Min. backen. Sofort servieren.

45 Min.

Erfrischend an heißen Tagen

Gurkenkaltschale

KH pro Portion 6 g
Für 2 Portionen • gelingt leicht
⊘ 10 Min. + 30 Min. Ziehzeit

1 Salatgurke • 1 dünne Frühlingszwiebel • 100 ml Gemüsebrühe •
½ EL Zitronensaft • 50 g Sahne •
Salz • Pfeffer, frisch gemahlen •
1 EL gehackte Dillspitzen

● Die Gurke waschen und ein ca.
3 cm dickes Stück abschneiden.
Das Gurkenstück vierteln, in dünne
Scheiben schneiden und beiseite-
stellen. Die übrige Gurke schälen
und in grobe Stücke scheiden.

● Die Frühlingszwiebel waschen,
putzen und in dünne Ringe
schneiden. Gurkenstücke, Frühlingszwiebeln, Gemüsebrühe und
Zitronensaft in den Mixer geben
und gründlich mixen. Die Sahne
untermischen und alles mit Salz
und Pfeffer abschmecken. 30 Min.
im Kühlschrank ziehen lassen.

● Die Suppe noch einmal durch-
rühren und auf Teller verteilen. Die
Gurkenscheibchen und den Dill
daraufgeben und servieren.

Verfeinert mit Pernod

Geschäumte Fenchelsuppe

KH pro Portion 8 g
Für 2 Portionen • preisgünstig
⊘ 40 Min.

1 Fenchelknolle • 1 kleine Zwiebel •
1 EL Olivenöl • 250 ml Gemüsebrühe • ½ TL Fenchelsamen • 1–2 EL
Zitronensaft • 2 cl Pernod (nach Belieben) • Muskatnuss • Salz • Pfeffer,
frisch gemahlen • 150 g Sahne

● Fenchel waschen, längs halbieren und den Strunk entfernen. Die
Hälften in feine Streifen schneiden.
Die Zwiebel abziehen und fein
würfeln.

● Fenchel und Zwiebeln im heißen
Öl andünsten. Mit der Gemüsebrühe ablöschen. Fenchelsamen,
Zitronensaft, Pernod und Muskatnuss zugeben und mit Salz und
Pfeffer würzen. Ca. 20 Min. köcheln
lassen, bis der Fenchel weich ist.

● Die Suppe pürieren und durch
ein feines Sieb streichen. Sahne
zugeben und alles nochmals aufkochen. Die Suppe abschmecken und
mit dem Mixstab aufschäumen.
Sofort servieren.

Würzig-herzhaft, eine Partysuppe

Lauchtopf mit Hackfleisch

KH pro Portion 11 g
Für 2 Portionen • gut vorzubereiten
⊘ 15 Min. + 20 Min. Garzeit

1 Zwiebel • 1–2 Stangen Lauch (je
nach Größe) • 2 EL Olivenöl • 250 g
Hackfleisch • ½ l Gemüsebrühe •
1 EL TK-Kräutermischung • Salz • Pfeffer, frisch gemahlen • 100 g Frischkäse • Sojasauce

● Die Zwiebel abziehen und fein
würfeln. Den Lauch waschen,
putzen und in feine Ringe schneiden. 1 EL Öl in einem großen Topf
erhitzen und die Zwiebeln darin
andünsten. Das Hackfleisch zugeben und krümelig anbraten. Herausnehmen und beiseite stellen.

● Das übrige Öl in den Topf geben
und erhitzen. Den Lauch kurz
darin anbraten. Die Gemüsebrühe
zugeben und aufkochen. Kräuter
zugeben und mit Salz und Pfeffer
würzen. Alles 20 Min. köcheln
lassen.

● Das Hackfleisch zugeben und
erhitzen. Den Frischkäse unterrühren und alles mit Salz, Pfeffer und
Sojasauce abschmecken.

❯ Gurkenkaltschale

Ein toller Sommersalat

Gurken-Bohnen-Salat

KH pro Portion 9 g
Für 2 Portionen • gelingt leicht
⊘ 30 Min. + 15 Min. Ziehzeit

250 g grüne Bohnen • 3 Stängel Bohnenkraut • ½ Salatgurke • Salz • ½ Zwiebel • 1 TL Essig • 2 EL Öl • Pfeffer

● Die Bohnen waschen, putzen und in Stücke schneiden. Das Bohnenkraut waschen. In reichlich Salzwasser die Bohnen mit dem Bohnenkraut in 15–20 Min. je nach Dicke der Bohnen gar kochen.

● Die Gurke waschen, schälen, längs halbieren und in Scheiben schneiden. Etwas salzen und alles ziehen lassen. Die Bohnen abgießen, das Bohnenkraut entfernen und die Bohnen etwas abkühlen lassen.

● Das Gurkenwasser abgießen. Die Zwiebel abziehen und fein würfeln. Den Essig mit Öl, Salz und Pfeffer verrühren. Bohnen, Gurkenscheiben und Zwiebeln mischen und das Dressing darübergeben. Mindestens 15 Min., besser etwas länger, ziehen lassen.

❮❮ Griechisches Auberginenmus

Wunderbar zu gebratenem Fisch

Griechisches Auberginenmus

KH pro Portion 11 g
Für 2 Portionen • gut vorzubereiten
⊘ 15 Min. + 30 Min. Garzeit

1 Aubergine • 1 Knoblauchzehe • 3 EL Olivenöl • 1 EL Weinessig • 1 Prise Zucker • Salz • Pfeffer, frisch gemahlen • 6 entsteinte Oliven • 1 EL gehackte Petersilie • 4 Scheiben Eiweißbrot

● Backofen auf 200 Grad (Umluft 180 Grad) vorheizen. Aubergine rundherum einstechen und auf ein gefettetes Backblech legen. Im vorgeheizten Ofen auf der mittleren Schiene 30 Min. garen.

● Die Aubergine etwas abkühlen lassen, dann halbieren und das Fruchtfleisch mit einem Löffel herauslösen. Den Knoblauch abziehen. Auberginenfruchtfleisch und Knoblauch mit dem Öl, Essig, Salz, Pfeffer und 1 Prise Zucker mit dem Mixstab pürieren.

● Die Oliven hacken. Mit der Petersilie auf das Auberginenmus streuen und zusammen mit dem Eiweißbrot servieren.

Tipp Das Auberginenmus eignet sich hervorragend für ein griechisches Vorspeisenbüffet.

Leckeres Fischgericht

Kabeljau-Spinat-Auflauf

KH pro Portion 7 g
Für 2 Portionen • braucht etwas mehr Zeit
⊘ 20 Min. + 15 Min. Garzeit

Fett für die Form • 300 g Kabeljaufilet • 1 TL Zitronensaft • Salz • Pfeffer, frisch gemahlen • 2 Eiertomaten • 300 g Spinat • 1 Zwiebel • 1 Knoblauchzehe • 1 EL Olivenöl • Muskatnuss • 75 g Gouda

● Den Backofen auf 200 Grad (Umluft 180 Grad) vorheizen. Die Form fetten. Das Fischfilet waschen, trocken tupfen und in die Form legen. Mit Zitronensaft beträufeln und mit Salz und Pfeffer würzen.

● Die Tomaten waschen, putzen und in Scheiben schneiden. Auf dem Fisch verteilen. Den Spinat waschen, trocken schütteln und putzen. Zwiebel und Knoblauch abziehen und fein würfeln. Im heißen Öl andünsten. Den Spinat zugeben und zusammenfallen lassen. Mit Salz, Pfeffer und Muskatnuss würzen. Auf die Tomaten geben.

● Den Gouda grob reiben und über den Auflauf streuen. Im Ofen (Mitte) 15 Min. garen.

45 Min.

Ganz zarte Klößchen in leckerer Sauce

Fischklößchen mit Kräutersauce

KH pro Portion 5 g
Für 2 Portionen • braucht etwas mehr Zeit
⊘ 35 Min.

Für die Fischklößchen
400 g Kabeljaufilet • 2 Eigelb • 1 EL Crème fraîche • Salz • Pfeffer, frisch gemahlen

Für die Sauce
1 kleine Zwiebel • 1 EL Butter • 125 ml Milch • 125 ml Gemüsebrühe • ½ Päckchen TK-Kräutermischung • Salz • Pfeffer, frisch gemahlen • Paprikapulver • 1 Eigelb • 2 EL Sahne

● Für die Klößchen das Fischfilet waschen, trocken tupfen und die Gräten entfernen. Anschließend in grobe Stücke schneiden. Mit Eigelb, Crème fraîche, 1 TL Salz und Pfeffer in eine hohe Rührschüssel geben und mit dem Mixstab pürieren.

● Für die Sauce die Zwiebel abziehen und fein würfeln. Die Butter erhitzen und die Zwiebelwürfel darin andünsten. Mit Milch und der Gemüsebrühe ablöschen, aufkochen und nach Belieben einkochen lassen.

● In der Zwischenzeit Salzwasser zum Kochen bringen. Mithilfe eines Esslöffels aus der Fischmasse Klößchen abstechen und anschließend im heißen Wasser 6 Min. gar ziehen lassen.

● Die TK-Kräutermischung unter die Sauce geben und mit Salz, Pfeffer und Paprikapulver würzen. Das Eigelb mit der Sahne verquirlen und unter die Suppe rühren. Nun nicht mehr aufkochen. Die Fischklößchen auf Tellern verteilen und die Sauce daraufgeben.

Ein kunterbuntes Curry, das schnell zubereitet ist

Chinakohl-Puten-Curry

KH pro Portion 8 g
Für 2 Portionen • gelingt leicht
⊘ 30 Min.

½ Chinakohl (ca. 400 g) • 1 rote Spitzpaprika • 400 g Putenbrustfilet • 2 EL Sesamsamen • 2 EL Öl • 1–2 TL Currypulver (je nach Schärfe des Pulvers) • 1 Knoblauchzehe • Salz • Pfeffer, frisch gemahlen • 100 g Schmand

● Chinakohlblätter vom Strunk ablösen, waschen und trocken tupfen. Längs halbieren und dann quer in knapp fingerbreite Streifen schneiden. Paprikaschote waschen, vierteln, putzen und in feine Streifen schneiden. Das Putenfleisch in mundgerechte Stücke schneiden.

● Eine große Pfanne ohne Öl erhitzen und die Sesamsamen darin unter Wenden rösten, bis sie hellbraun sind und duften. Dann sofort aus der Pfanne nehmen. Das Öl in die Pfanne geben und das Putenfleisch darin unter Wenden rundum hellbraun anbraten. Chinakohl- und Paprikastreifen zugeben und alles weiterbraten. Dabei das Currypulver hinzufügen. Den Knoblauch abziehen und dazupressen.

● Das Gemüse ist nach ca. 10 Min. gar. Dann den Schmand einrühren und etwas Wasser zugeben, bis die Currysauce die gewünschte Konsistenz hat. Das Chinakohl-Puten-Curry mit Salz und Pfeffer abschmecken und mit den Sesamsamen bestreut servieren.

Schmeckt warm und kalt

Schweinelendchen mit Paprika-Linsen

KH pro Portion 19 g
Für 2 Portionen • gelingt leicht
⊘ 35 Min.

50 g Beluga-Linsen • 1 Lorbeerblatt • 300 g Schweinelende • 1 kleine Zwiebel • 2 rote oder gelbe Paprikaschoten • 2 EL Butterschmalz • 1 EL Sherry (oder Portwein) • Salz • Pfeffer, frisch gemahlen • ½ EL Balsamicoessig • 2 EL gehackte Petersilie

● Die Beluga-Linsen mit dem Lorbeerblatt in der doppelten Menge Wasser aufkochen und ca. 20 Min. köcheln lassen.

● Inzwischen das Fleisch waschen, trocken tupfen und in Streifen schneiden. Die Zwiebel abziehen und fein würfeln. Die Paprikaschote waschen, putzen und in Würfelchen scheiden.

● 1 EL Butterschmalz erhitzen und die Zwiebeln darin anbraten. Paprika zugeben und andünsten. In der Zwischenzeit das übrige Butterschmalz in einer Pfanne erhitzen und die Fleischstreifen rundherum anbraten. Mit Sherry ablöschen und mit Salz und Pfeffer würzen.

● Die Linsen wenn nötig abgießen und mit den Paprikawürfelchen mischen. Mit Balsamicoessig, Salz und Pfeffer abschmecken, zuletzt die Petersilie untermischen. Zusammen mit dem Fleisch servieren.

Der Hit bei Kindern

Chicken Wings

KH pro Portion 16 g
Für 2 Portionen • gelingt leicht
⊘ 25 Min. + 20 Min. Marinierzeit

500 g Hähnchenflügel (ca. 12 Stück) • 2 Knoblauchzehen • 2 EL flüssiger Honig • 2 EL scharfe Chili-Sauce • 8 EL Öl • Salz • Pfeffer, frisch gemahlen • Öl zum Braten

● Die Hähnchenflügel unter kaltem Wasser abwaschen und mit einem Küchentuch trocken tupfen.

● Knoblauch abziehen und durch die Presse drücken. Knoblauch mit Honig, Chili-Sauce, Öl und Pfeffer vermischen. Die Hähnchenflügel in eine flache Schale legen und mit der Marinade übergießen. Alle Hähnchenflügel darin wenden und mindestens 20 Min. kühl stellen.

● Etwas Öl in der Pfanne erhitzen und die Hähnchenflügel portionsweise auf beiden Seiten je 5 Min. braten.

Tipp Die Chicken Wings lassen sich auch ganz problemlos auf dem Grill zubereiten.

45 Min.

Lecker überbacken mit Blauschimmelkäse

Entenbrust mit Rosenkohl

KH pro Portion 12 g
Für 2 Portionen • gelingt leicht
⊘ 40 Min.

1 Entenbrust (350 g) • Salz • Pfeffer, frisch gemahlen • Öl •
300 g Rosenkohl • 150 g Blauschimmelkäse • 1 EL Semmelbrösel

● Die Entenbrust waschen, trocken tupfen und mit Salz
und Pfeffer würzen. Eine Pfanne erhitzen, 1 EL Öl hineingeben und die Entenbrust zuerst auf der Hautseite
6–7 Min. anbraten, dann wenden und weitere 6–7 Min.
braten.

● Während die Entenbrust brät, den Rosenkohl putzen, die äußeren Blättchen entfernen und den Strunk
kreuzweise einschneiden. Wasser zum Kochen bringen
und den Rosenkohl in kochendem Salzwasser 5 Min.
blanchieren.

● Inzwischen den Backofen auf 180 Grad (Umluft
160 Grad) vorheizen. Den Käse mit einer Gabel zerdrücken, die Semmelbrösel dabei unterarbeiten.

● Die Entenbrust aus der Pfanne nehmen und in
Scheiben schneiden. Eine feuerfeste Form mit wenig Öl
einpinseln. Die Entenbruststücke in die gefettete Form
legen. Den Rosenkohl ebenfalls hinzufügen. Die Käse-
-Semmelbrösel-Mischung darüber verteilen, die Form
in den vorgeheizten Ofen stellen und die Entenbrust auf
der mittleren Schiene ca. 15 Min. goldbraun überbacken.

Pikant gewürzt, mit Japan-Flair

Teriyaki-Chicken mit Gemüse

KH pro Portion 11 g
Für 2 Portionen • gelingt leicht
⊘ 40 Min.

1 EL Chiliöl • 2 EL Sojasauce • 2 EL Teriyaki-Marinade
(Asia-Regal im Supermarkt) • 250 g Hähnchenbrustfilet •
400 g Tiefkühl-Asiagemüse • 2 EL Öl zum Braten • Salz •
Pfeffer, frisch gemahlen

● Chiliöl, Sojasauce und Teriyaki-Marinade verrühren. Das Hähnchenbrustfilet abtupfen und in schmale
Streifen schneiden. Fleisch in die Marinade legen, darin
wenden und abgedeckt ca. 30 Min. durchziehen lassen.

● Für das Gemüse im einem weiten Topf 125 ml Wasser
aufkochen. Das Tiefkühl-Asiagemüse hineingeben,
aufkochen und ca. 5 Min. garen. Mit Salz und Pfeffer
abschmecken.

● Inzwischen in einer Pfanne das Öl erhitzen und das
marinierte Fleisch darin bei starker Hitze unter gelegentlichem Wenden scharf anbraten. Das Fleisch zusammen mit dem Gemüse anrichten und servieren.

Lassen sich auch problemlos vorbereiten

Überbackene Zucchiniröllchen

KH pro Portion 13 g
Für 2 Portionen • preisgünstig
⊘ 35 Min. + 15 Min. Backzeit

1 Zwiebel • 1 Knoblauchzehe • 1 EL Olivenöl • 1 Dose stückige Tomaten (400 g) • Salz • Pfeffer, frisch gemahlen • 2 dünne Zucchini • 200 g Frischkäse mit Joghurt • 2 EL Tomatenmark • 150 g Gouda

● Zwiebel und Knoblauch abziehen und fein würfeln. Im heißen Öl andünsten. Die Tomaten zugeben. Mit Salz und Pfeffer würzen und köcheln lassen.

● In der Zwischenzeit den Backofen auf 180 Grad (Umluft 160 Grad) vorheizen. Die Zucchini mit einem Sparschälen in dünne Scheiben schneiden. Den Frischkäse mit dem Tomatenmark vermischen und mit Salz und Pfeffer würzen. Den Gouda reiben.

● Die Zucchinischeiben mit dem Frischkäse bestreichen, aufrollen und nebeneinander in eine Auflaufform legen. Die Tomatensauce darübergeben und mit dem Käse bestreuen. Im Ofen auf der mittleren Schiene 15 Min. überbacken.

60 Min.

Köstliche Vorspeise für Gäste

Artischocke mit Schafskäse-Dip

KH pro Portion 14 g
Für 2 Portionen • braucht etwas mehr Zeit
⊘ 15 Min. + 35 Min. Garzeit

2 Artischocken • Salz • 1 Spritzer Zitronensaft • 100 g Feta • 1 Knoblauchzehe • 125 g Naturjoghurt • 1 TL Zitronensaft • Salz • Pfeffer, frisch gemahlen

● Die Artischockenblätter um etwa ein Drittel mit der Schere kürzen, den Stiel der Artischocken abschneiden. Die Artischocken in kochendem Salzwasser mit etwas Zitronensaft etwa 30–40 Min. garen (je nach Größe). Anschließend herausheben und auf Küchenpapier abtropfen lassen.

● In der Zwischenzeit den Schafskäse mit einer Gabel zerdrücken. Den Knoblauch abziehen und dazupressen. Mit dem Joghurt und dem Zitronensaft verrühren. Mit Salz und Pfeffer abschmecken.

Eine tolle Zubereitungsart

Gebackene Rote Bete

KH pro Portion 18 g
Für 2 Portionen • gelingt leicht
⊘ 15 Min. + 1 Stunde Backzeit

2 kl. Rote Bete (400 g) • 1 EL Balsamicoessig • 1 Msp. scharfer Senf • Salz • Pfeffer, frisch gemahlen • Zucker • 2 EL Olivenöl • Basilikumblätter zum Garnieren

● Den Backofen auf 200 Grad (Umluft 180 Grad) vorheizen. Die Rote Bete waschen, trocknen und Blatt- und Wurzelansatz entfernen. Die Knollen zusammen in Alufolie einschlagen und die Enden gut verschießen. Die Rote Bete im Ofen auf der mittleren Schiene 60 Min. backen, bis die Knollen gar sind.

● Rote Bete herausnehmen und leicht abkühlen lassen. Inzwischen den Balsamico mit Senf, Salz, Pfeffer, 1 Prise Zucker und das Olivenöl vermischen.

● Die Rote Bete schälen und in dünne Scheiben schneiden. Auf Tellern anrichten und mit dem Dressing beträufeln. Die Basilikumblätter waschen, trocken tupfen und darauflegen.

Blitzschnell gebraten

Marinierte Fleischspieße

KH pro Portion 7 g
Für 2 Portionen • gut vorzubereiten
⊘ 20 Min. + 2 Stunden Marinierzeit

200 g Schweinefilet • 2 Knoblauchzehen • 1 EL flüssiger Honig • 1 EL mittelscharfer Senf • 2 EL Zitronensaft • 4 EL Olivenöl • Pfeffer, frisch gemahlen • Außerdem: Holzspieße

● Das Schweinefilet waschen, trocken tupfen und in dünne Scheiben schneiden. Den Knoblauch abziehen und durch die Presse drücken.

● Für die Marinade den Knoblauch mit Honig, Senf, Zitronensaft und 2 EL Olivenöl verrühren. Mit Pfeffer würzen. Die Fleischstreifen in eine flache Schale legen, mit der Marinade übergießen, darin wenden und 2 Stunden abgedeckt im Kühlschrank ziehen lassen.

● Die Fleischstreifen wellenartig auf Holzspieße stecken. Das übrige Öl erhitzen und die Fleischspieße darin auf beiden Seiten ca. 2–3 Min. braten.

⚬▸ Artischocke mit Schafskäse-Dip

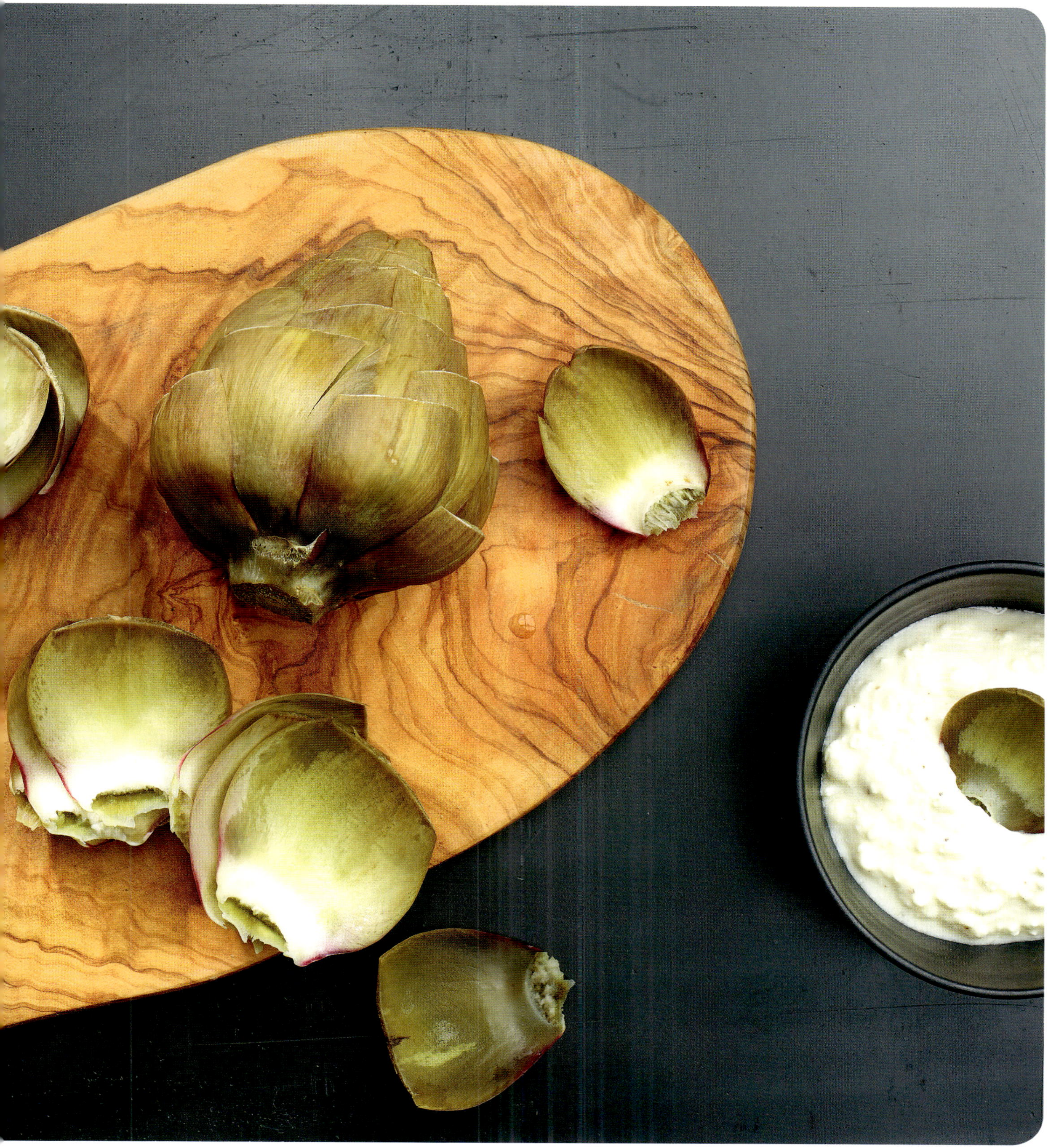

60 Min.

Schmeckt warm und kalt – prima fürs Picknick

Zucchini-Quiche mit Schafskäse

KH pro Portion 12 g
Für 2–3 Portionen • gut vorzubereiten
⏱ 25 Min. + 40 Min. Backzeit

Für den Teig
50 g gemahlene Mandeln • 2 EL Mehl • 2 EL geriebener Parmesan • ½ TL Salz • 30 g Butter • 1 Eigelb • Fett und Mehl für die Form

Für den Belag
1 Zucchini (200 g) • 2 Eier • 50 ml Milch • Salz • Pfeffer, frisch gemahlen • 1 EL Kräuter der Provence • 100 g Feta • 2 EL Pinienkerne • Außerdem: Springform (ø 20 cm)

● Den Backofen auf 180 Grad (Umluft 160 Grad) vorheizen. Die Zutaten für den Teig gut verkneten. Die Form fetten und bemehlen. Den Teig in die Form drücken, dabei einen kleinen Rand formen. Im Ofen (Mitte) 20 Min. backen. Anschließend herausnehmen.

● Für die Füllung die Zucchini in ½ cm dicke Scheiben schneiden. Die Eier mit der Milch verquirlen, mit Salz und Pfeffer würzen und die Kräuter der Provence untermischen. Den Feta zerbröseln.

● Die Zucchinischeiben dachziegelartig auf den Teig in die Form schichten. Den Feta darüberstreuen und die Eiermilch darübergießen. Mit den Pinienkernen bestreuen. Weitere 20 Min. backen, bis das Ei gestockt ist und die Oberfläche schön gebräunt ist.

Raffiniert und einfach köstlich

Vegetarische Wirsingroulade

KH pro Portion 23 g
Für 2–3 Portionen • braucht etwas mehr Zeit
⏱ 40 Min. + 20 Min. Garzeit

100 g rote Linsen • 1 Zwiebel • 2 EL Olivenöl • 8 Wirsingblätter • Saft und abgeriebene Schale von ½ unbehandelten Zitrone • Salz • Pfeffer, frisch gemahlen • 100 g Sahne • 100 ml Milch • 3 Zweige Thymian • 100 g Schafskäse

● Die Linsen in einem Topf geben, knapp mit Wasser bedecken, aufkochen und 10 Min. köcheln lassen. In der Zwischenzeit die Wirsingblätter in reichlich kochendem Salzwasser kurz blanchieren, in kaltem Wasser abschrecken und abtropfen lassen.

● Die Zwiebel abziehen und fein würfeln. Zwiebeln in 1 EL heißem Olivenöl andünsten. Zu den Linsen geben und alles mit Zitronenschale und -saft, Salz und Pfeffer würzen.

● Die Wirsingblätter mit der Linsenmasse füllen, aufrollen und mit Küchengarn zusammenbinden. Das übrige Öl erhitzen und die Wirsingrouladen darin rundherum anbraten. Sahne und Milch dazugeben. Die Thymianzweige waschen, trocken schütteln, zupfen und die Blättchen dazugeben. Mit Salz und Pfeffer würzen. Die Wirsingrouladen 20 Min. schmoren lassen.

● Inzwischen den Schafskäse grob zerbröckeln, gegen Ende der Garzeit in die Sauce geben und etwas schmelzen lassen.

◂ Zucchini-Quiche

In herrlicher Rotweinsauce
Rehragout

KH pro Portion 15 g
Für 2 Portionen • braucht etwas
mehr Zeit
⊘ 20 Min. + 1 Stunde Garzeit

2 Möhren • 1 Stange Staudensellerie • 1 Zwiebel • 2 EL Öl • 500 g
Rehgulasch • Salz • Pfeffer, frisch
gemahlen • Paprikapulver • Nelkenpulver • 1 Lorbeerblatt • 200 ml
Fleischbrühe (oder Wildfond) •
100 ml Rotwein • 1 TL Speisestärke
(nach Belieben) • 2 EL saure Sahne •
1 EL Preiselbeeren (aus dem Glas)

● Die Möhren schälen und putzen.
Staudensellerie waschen und put-
zen. Beides in Scheiben schneiden.
Zwiebel abziehen, fein würfeln.

● Das Öl erhitzen und das Rehgulasch darin rundherum anbraten.
Möhren, Sellerie und Zwiebeln
zugeben und ebenfalls anbraten.
Mit Salz, Pfeffer, Paprikapulver und
1 Prise Nelkenpulver würzen, das
Lorbeerblatt zugeben und Brühe
und Rotwein angießen. Rund
1 Stunde schmoren lassen.

● Nach Belieben zum Andicken
die Speisestärke mit etwas Wasser
verrühren und dazugeben. Kurz
aufkochen. Zuletzt die saure Sahne
und die Preiselbeeren unterrühren.

Alles aus einem Topf
Gulasch mit Rotkohl

KH pro Portion 12 g
Für 2 Portionen • braucht etwas
mehr Zeit
⊘ 15 Min. + 1 ½ Stunden Garzeit

1 Zwiebel • 300 Rindergulasch •
3 EL Öl • 1 TL Paprikapulver • 1 EL Tomatenmark • 1 Dose stückige Tomaten (425 g) • 200 ml Gemüsebrühe •
1 Paprikaschote • 1 kleine Dose oder
1 kleines Glas Rotkohl (ca. 300 bis
400 g) • Salz • Pfeffer, frisch gemahlen • 2 EL Sahne

● Die Zwiebel abziehen, halbieren und in Ringe schneiden. Das
Gulasch im heißen Öl rundherum
anbraten. Die Zwiebeln zugeben
und mitbraten. Paprikapulver
darüberstäuben und das Tomatenmark unterrühren. Alles anbraten.
Die Tomaten und Gemüsebrühe
zugeben und aufkochen. Zugedeckt
ca. 1 ½ Stunden schmoren lassen.

● Die Paprikaschote waschen,
putzen und in Streifen schneiden.
5 Min. vor Ende der Garzeit zusammen mit dem Rotkohl und der
Gemüsebrühe zum Gulasch geben
und mitschmoren lassen.

● Mit Salz und Pfeffer abschmecken und zuletzt die Sahne unterrühren.

Gut für die hungrige Meute
Marinierte Hähn- chenschenkel

KH pro Portion 4 g
Für 2 Portionen • gut vorzubereiten
⊘ 45 Min. + 2 Stunden Marinierzeit

2 Hähnchenschenkel • 2 Knoblauchzehen • 2 EL Olivenöl + Öl für
das Blech • 1 EL Limettensaft • 1 TL
Honig • 1 EL Sojasauce • Pfeffer

● Die Hähnchenschenkel kalt
abwaschen und trocken tupfen.
Für die Marinade den Knoblauch
abziehen und durch die Presse drücken. Mit Olivenöl, Limettensaft,
Honig und Sojasauce mischen. Mit
Pfeffer abschmecken.

● Die Hähnchenschenkel in eine
flache Schale legen und mit der
Marinade übergießen. Im Kühlschrank 2 Stunden ziehen lassen.
Die Hähnchenschenkel zwischen-
durch immer wieder mit Marinade
bestreichen.

● Den Ofen auf 180 Grad (Um-
luft 160 Grad) vorheizen. Die
Hähnchenschenkel auf ein geöltes
Blech legen und im vorgeheizten
Ofen auf der mittleren Schiene
30–40 Min. garen.

❧ Rehragout

Anstatt Nudeln kommen Zucchini in die Lasagne
Zucchini-Lasagne

KH pro Portion 7 g
Für 2–3 Portionen • gut vorzubereiten
⊘ 30 Min. + 30 Min. Backzeit

1 kleine Zwiebel • 1 Knoblauchzehe • 2 EL Olivenöl • 250 g Hackfleisch • 1 EL Tomatenmark • 200 g passierte Tomaten • 100 ml Fleischbrühe • Salz • Pfeffer, frisch gemahlen • 1 EL gemischte Kräuter • 100 g Crème fraîche • ca. 50 ml Milch • Muskatnuss • 1 große Zucchini (ca. 300 g) • 50 g Parmesan, frisch gerieben

● Zwiebel und Knoblauch abziehen und würfeln. Im heißen Öl glasig dünsten. Das Hackfleisch hinzugeben und krümelig anbraten. Tomatenmark zugeben und ebenfalls kurz mitbraten. Passierte Tomaten und Fleischbrühe dazugeben und mit Salz und Pfeffer würzen. Alles aufkochen und 10 Min. köcheln lassen.

● Crème fraîche und Milch verrühren, mit Salz, Pfeffer und Muskatnuss würzen. Zucchini waschen, putzen und längs in dünne Scheiben schneiden.

● Den Backofen auf 180 Grad (Umluft 160 Grad) vorheizen. Die Kräuter unter die Hackfleischsauce mischen. Ein Drittel der Hackfleischsauce in eine Auflaufform füllen. Etwas Crème-fraîche-Milch-Mischung darüber verteilen. Die Hälfte der Zucchinischeiben daraufgeben. Weiterverfahren und mit Hackfleischsauce abschließen.

● Die Lasagne mit Parmesan bestreuen und im Ofen auf der mittleren Schiene 30 Min. backen.

Das passt dazu Zur Zucchini-Lasagne passt ein kleiner frischer Salat.

Ein tolle Sorte und dazu nicht zu süß
Brombeer-Buttermilch-Eis

KH pro Portion 6 g
2 Portionen • gut vorzubereiten
⊘ 10 Min. + 2 Stunden Kühlzeit

100 g Brombeeren • 50 g Sahne • 100 ml Buttermilch • 1–2 TL flüssiger Süßstoff

● Die Brombeeren waschen, verlesen und mit dem Mixstab gründlich zerkleinern. Das Brombeermus durch ein Sieb streichen. Die Sahne steif schlagen.

● Brombeermus, Buttermilch und Süßstoff gut verrühren. Die Sahne unterheben. Alles in eine flache Metallschüssel füllen und 2 Stunden gefrieren lassen, dabei alle 20 Min. umrühren.

Tipp Sie können die Eismasse natürlich auch in einer Eismaschine zubereiten.

Ein feines Erwachsenen-Dessert

Johannisbeeren in Weingelee

KH pro Portion 8 g
Für 2 Portionen • gut vorzubereiten
⏱ 10 Min. + 2 Stunden Kühlzeit

3 Blatt Gelatine • 200 g Rote Johannisbeeren • 200 ml Roséwein • Süßstoff nach Belieben (z. B. 1–2 Spritzer flüssiger Süßstoff) • 2 EL geschlagene Sahne

● Die Gelatine in kaltem Wasser 5 Min. einweichen. Anschließend gut ausdrücken. Die Johannisbeeren waschen, trocken tupfen und von den Rispen streifen, dabei 2 Rispen beiseitelegen.

● Etwa 60 ml Wein erhitzen, die ausgedrückte Gelatine darin auflösen, in den restlichen Wein rühren und das Ganze nach Belieben etwas süßen. Die Johannisbeeren auf zwei Schüsseln oder Gläser verteilen. Mit dem Wein übergießen. Im Kühlschrank 2 Stunden kalt stellen.

● Das Gelee mit je einem Klecks Sahne und den restlichen Johannisbeeren verzieren.

Variante Bunt wird es mit einer Mischung aus Roten, Weißen und Schwarzen Johannisbeeren.

Sahnig und fruchtig zugleich

Panna Cotta mit Pfirsichmus

KH pro Portion 2 g
Für 2–3 Portionen • gut vorzubereiten
⏱ 20 Min. + 3 Stunden Kühlzeit

½ Vanilleschote • 200 g Sahne • 1 Blatt Gelatine • Süßstoff nach Belieben • 1 Pfirsich

● Die Vanilleschote aufschlitzen und das Mark herauskratzen. Die Sahne mit Vanilleschote und -mark aufkochen. 10 Min köcheln lassen.

● Die Gelatine in kaltem Wasser einweichen und anschließend gut ausdrücken. Zwei Dessertschälchen mit kaltem Wasser ausspülen. Die Sahne vom Herd nehmen und mit Süßstoff abschmecken. Die ausgedrückte Gelatine in der heißen Sahne auflösen. In die Schälchen füllen und mindestens 3 Stunden kühl stellen.

● Den Pfirsich schälen, halbieren und den Kern herauslösen. Das Fruchtfleisch in grobe Würfel schneiden und mit dem Mixstab pürieren.

● Das Pfirsichmus als Fruchtspiegel auf zwei Teller verteilen. Panna Cotta mit einem spitzen Messer vom Rand aus den Förmchen lösen und auf den Pfirsichspiegel stürzen.

Tipp Falls sich die Panna Cotta nicht aus den Schälchen lösen lässt, die Schälchen kurz in heißes Wasser stellen.

Würzige Röllchen in roter Sauce

Hackröllchen in Tomatensauce

KH pro Portion 11 g
Für 2 Portionen • braucht etwas mehr Zeit
⊘ 30 Min. + 30 Min. Garzeit

Für die Hackröllchen:
4 große Chinakohlblätter • 1 Scheibe Vollkorntoast • 200 g Rinderhackfleisch • 1 Ei • 1 gestr. TL Senf • 1 Knoblauchzehe • Salz • Pfeffer, frisch gemahlen

Für die Tomatensauce:
1 Zwiebel • 2 EL Olivenöl • 400 g gehackte Tomaten • Salz • Pfeffer, frisch gemahlen • 1 Prise Zucker • Zitronensaft

● Wasser in einer Pfanne aufkochen. Chinakohlblätter waschen und quer halbieren, die oberen Blatthälften darin kurz blanchieren. Die unteren Blatthälften fein hacken.

● Toast in Wasser einweichen. Knoblauch abziehen. Hackfleisch, Ei, Senf, durchgepressten Knoblauch und die gehackten Chinakohlblätter in eine Schüssel geben. Toast ausdrücken, in Stücke zupfen und hinzufügen. Alles gut vermengen, mit Salz und Pfeffer würzen, den Fleischteig vierteln und jede Portion in ein blanchiertes Chinakohlblatt einrollen.

● Für die Tomatensauce die Zwiebel abziehen und klein würfeln, in der Pfanne im Olivenöl hell anbraten, dann die gehackten Tomaten zugeben. Alles aufkochen, mit Salz und Pfeffer würzen, die Hackröllchen darauflegen, zum Kochen bringen und 30 Min. garen. Vor dem Servieren die Tomatensauce mit Zucker und etwas Zitronensaft abschmecken.

Variante Die übrige Sauce passt beispielsweise gut zu käseüberbackenen Zucchini.

Eine feine Kombination

Hähnchenschenkel mit Zuckerschoten

KH pro Portion 4 g
Für 2 Portionen • exotische Zutaten
⊘ 20 Min. + 1 Stunde Garzeit

2 Zwiebeln • 6–8 Hähnchenunterschenkel • 4 EL Öl • Salz • Pfeffer, frisch gemahlen • 1 Stück Ingwer (ca. 1 cm) • 200 g Zuckerschoten • 1 EL Kokosraspel • einige Stängel Koriandergrün • 4 EL Sahne

● Den Backofen auf 180 Grad (160 Grad Umluft) vorheizen. Die Zwiebeln abziehen und würfeln. Die Hähnchenschenkel mit der Hälfte der Zwiebeln in einem Bräter in 2 Esslöffel Öl rundum anbraten. Dann 200 ml Wasser zugießen, das Fleisch salzen und pfeffern und die Keulen mit Alufolie abgedeckt im Ofen 30 Min. braten, dabei ab und zu mit der Flüssigkeit bepinseln.

● Dann die Keulen noch 10–20 Min. offen weiterbraten. Inzwischen den Ingwer schälen und sehr fein hacken. Die Zuckerschoten waschen und putzen. 2 Esslöffel Öl in einer Pfanne erhitzen und die restlichen Zwiebeln und den Ingwer darin hell anbraten. Die Kokosraspel einstreuen und 1 Min. mitbraten.

● Die Zuckerschoten in die Pfanne geben und 5–10 Min. unter gelegentlichem Wenden braten, bis sie gar, aber noch bissfest sind, dann mit Salz und Pfeffer würzen.

● Das Koriandergrün waschen, trocken schütteln und hacken. Die Zuckerschotenpfanne mit 4 EL Sahne verfeinern und mit dem Koriandergrün bestreut zum Fleisch servieren.

Süßes Hauptgericht oder Dessert

Beerenauflauf

KH pro Portion 29 g

Für 2 Portionen • gut vorzubereiten

⏱ 20 Min. + 30 Min. Backzeit

400 g gemischte, tiefgekühlte Beeren • 1 EL Öl für die Form • 4 Eier • 1 Prise Salz • 1 Päckchen Vanillezucker • 75 g gemahlene Mandeln • 1 geh. EL Mehl (20 g) • 1 gestr. TL Backpulver • 100 ml Milch

● Die Beeren in der Mikrowelle auftauen lassen, ohne sie zu stark zu erhitzen. Den Backofen auf 170 Grad (Umluft) vorheizen. Eine ofenfeste Pfanne oder flache Auflaufform einfetten.

● Eier trennen und das Eiweiß mit dem Salz steif schlagen. Eigelbe und Vanillezucker mit dem Handrührgerät schaumig rühren.

● Gemahlene Mandeln, Mehl und Backpulver in einer Schüssel mischen. Eigelbcreme und Milch unterrühren, zuletzt den Eischnee unterheben.

● Die Beeren in der Form verteilen. Den Teig darübergießen. Den Auflauf im heißen Ofen 25–30 Min. hellbraun backen und vor dem Servieren 5–10 Min. abkühlen lassen.

Für alle Süßmäulchen der Hit

Low-Carb-Quarkkeulchen

KH pro Portion 41 g

Für 2 Portionen • preisgünstig

⏱ 25 Min. + ca. 25 Min. Garzeit

150 g mehlig kochende Kartoffeln • 3 EL Rosinen • 250 g Magerquark • 1 Prise Salz • 1 Ei (Größe M) • 3 EL Mehl + Mehl zum Arbeiten • 1 EL Butterschmalz

● Die Kartoffeln in wenig Wasser in 20–25 Min. gar kochen. In der Zwischenzeit die Rosinen in etwas Wasser einweichen.

● Die Kartoffeln pellen, durch die Presse drücken und etwas abkühlen lassen. Die Rosinen abtropfen lassen.

● Kartoffeln, Quark, Salz und das Ei gut verrühren. Mit dem Mehl und den Rosinen zu einem festeren Teig kneten. Auf einer bemehlten Arbeitsfläche eine dicke Rolle formen und diese in Scheiben schneiden. Mit etwas Mehl bestäuben.

● Das Butterschmalz erhitzen und die Quarkkeulchen darin von beiden Seiten bei mittlerer Hitze hellbraun anbraten.

Tipp Klassischerweise werden Quarkkeulchen mit Apfelmus serviert. In der Low-Carb-Küche passen aber auch pürierte Beeren bestens dazu. Und: Für dieses Rezept eignen sich übrig gebliebene Pellkartoffeln vom Vortag gut.

Rezept-register

Stichwort-verzeichnis

**Bibliografische Information
der Deutschen Nationalbibliothek**
Die Deutsche Nationalbibliothek verzeichnet
diese Publikation in der Deutschen National-
bibliografie; detaillierte bibliografische Daten
sind im Internet über
http://dnb.d-nb.de abrufbar.

Programmplanung: Uta Spieldiener
Redaktion: Anja Fleischhauer, Stuttgart
Bildredaktion: Christoph Frick

Umschlaggestaltung und Layout:
CYCLUS Visuelle Kommunikation, Stuttgart

Bildnachweis:
Umschlagfoto vorn: Dominique Loenicker,
Stuttgart
Fotos im Innenteil: Meike Bergmann, Berlin

1. Auflage

© 2014 TRIAS Verlag in MVS Medizinverlage
Stuttgart GmbH & Co. KG
Oswald-Hesse-Straße 50, 70469 Stuttgart

Printed in Germany

Repro und Satz:
Fotosatz H. Buck, Kumhausen
gesetzt in InDesign CS5
Druck: AZ Druck und Datentechnik GmbH,
Kempten

Gedruckt auf chlorfrei gebleichtem Papier

ISBN 978-3-8304-8001-3

Auch erhältlich als E-Book:
eISBN (PDF)   978-3-8304-8002-0
eISBN (ePub) 978-3-8304-8003-7

1 2 3 4 5 6

Besuchen Sie uns auf facebook!
www.facebook.com/
gesundeernaehrungtrias